Recetas *sabrosas*
bajas en
fructosa

P9-AOT-118

AUTORES: ANNE KAMP, CHRISTIANE SCHÄFER

HISPANO
EUROPEA

Indice

Platos principales

Postres

Pastelería

Apéndices

Los consejos y sugerencias de este libro se basan en la opinión y la experiencia de su autor y han sido comprobados meticulosamente. Sin embargo, de ningún modo pueden sustituir la opinión cualificada de un médico. Los lectores y lectoras han de ser plenamente responsables de sus actos. Ni el autor ni el editor pueden aceptar ninguna responsabilidad por los posibles daños o efectos secundarios producidos a consecuencia de seguir los consejos prácticos que se exponen en este libro.

Las marcas registradas no siempre aparecen indicadas como tales, pero la ausencia de dicha indicación no implica que se trate de nombres genéricos.

Título de la edición original: **Gesund essen Fruktosearm geniessen**

Es propiedad, 2007
© **Gräfe und Unzer Verlag GmbH,** Munich

© de la edición en castellano, 2009:
Editorial Hispano Europea, S. A.
Primer de Maig, 21 - Pol. Ind. Gran Via Sud
08908 L'Hospitalet - Barcelona, España
E-mail: hispanoeuropea@hispanoeuropea.com
Web: www.hispanoeuropea.com

© fotografías: **Jörn Rynio** (con la ayuda de Petra Speckmann, especialista en imágenes de alimentos)

© de la traducción: **Isabel Lledó**

Toda forma de reproducción, distribución, comunicación pública o transformación de esta obra sólo puede ser realizada con la autorización de sus titulares, salvo la excepción prevista por la ley. Diríjase al editor si necesita fotocopiar o digitalizar algún fragmento de esta obra.

Depósito Legal: B. 903-2009

ISBN: 978-84-255-1836-2

IMPRESO EN ESPAÑA   PRINTED IN SPAIN

LIMPERGRAF, S. L. - Mogoda, 29-31 (Pol. Ind. Can Salvatella)
08210 Barberà del Vallès

Intolerancia a la fructosa

Cuando la fructosa es la responsable del malestar

Prácticamente uno de cada tres europeos occidentales padece molestias digestivas más o menos importantes tras la ingestión de fructosa. Para muchos es un malestar diario, ya que la alimentación moderna es rica en fructosa. Y ésta no solo se encuentra en las frutas.

Sin embargo, con un cambio de alimentación las molestias producidas por la intolerancia a la fructosa mejoran de forma rápida y permanente. Este libro le mostrará cómo cambiar su alimentación de forma adecuada. Las indicaciones recibidas hasta ahora de renunciar de forma continua a todo lo dulce y a la fruta pertenecen ya al pasado.

Con recetas escogidas, bajas en fructosa —especialmente postres, galletas y tentempiés de fácil digestión— puede entregarse sin miedo al placer del dulce sin que su estómago le pase factura. Encontrará muchas sugerencias que le ayudarán a preparar sus recetas preferidas con bajo contenido en fructosa. De esta manera volverá a introducir poco a poco la normalidad en su plan de alimentación.

Mala absorción
de la fructosa
¿Qué significa exactamente?

El tipo de azúcar llamado *fructosa* se encuentra naturalmente en la fruta, los zumos de fruta y en algunas verduras. Como todos los demás nutrientes llega a la sangre a través de las paredes del intestino delgado. Esta recepción es conocida con el nombre de *reabsorción* o *absorción*. Si no se realiza de una forma completa se habla de *mal absorción*, es decir, de una recepción defectuosa.

Tras el concepto de mal absorción de la fructosa se esconden molestias digestivas ocasionadas por un determinado sistema de transporte del azúcar. En él el paso de la fructosa a la sangre a través del intestino delgado es insuficiente o defectuoso. Hace pocos años que se conoce este cuadro clínico. Se supone que entre el 30 y el 40% de los europeos occidentales padecen una limitada absorción de la fructosa a través del intestino delgado.

Alarma intestinal

Fuertes ruidos en el vientre, flatos, diarrea, vientre hinchado, son algunos de los problemas que pueden aparecer. Los pacientes que sufren de intolerancia a la fructosa han de luchar diariamente contra estas molestias. Con frecuencia se sospecha de algunos alimentos, que en ocasiones se digieren bien y en otras no. A menudo las primeras consultas al médico de familia no aportan resultados. Y así comienza un largo viaje hasta dar con la causa de las molestias. Una vez localizado el «enemigo», el cambio de alimentación trae consiguo una rápida mejora.

«Azúcar» en nuestra alimentación

Nuestra alimentación se compone de diferentes elementos. Uno de ellos son los hidratos de carbono. Éstos son los principales proveedores de energía para el rendimiento diario y los procesos vitales del organismo. En nuestro lenguaje utilizamos habitualmente «azúcar» como concepto común para denominar diferentes subgrupos de los hidratos de carbono. Pero «azúcar» no es igual a azúcar. Aunque la mayoría de azúcares nos aportan el sabor entendido como «dulce», químicamente responden a diferentes composiciones. Nuestra alimentación contiene simultáneamente diferentes tipos de azúcar. Hay que distinguir entre azúcares simples y dobles (véanse páginas 10/11). La fructosa pertenece al grupo de los azúcares simples.

El camino a las células

La digestión de los hidratos de carbono empieza ya en la boca. Sin embargo, el trabajo principal se realiza primero en el paso del estómago a la parte superior del intestino delgado. Nuestro cuerpo sólo puede absorber en su sangre el componente más pequeño de los hidratos de carbono, los llamados azúcares simples. Debido a ello la digestión está concebida de manera que los hidratos de carbono ingeridos permanezcan en la parte superior del intestino delgado mientras haya azúcares simples, es decir, fructosa o glucosa. En personas sanas son absorbidos de forma casi completa.

El caso excepcional de la fructosa

La absorción de la fructosa se realiza gracias al transportador GLUT5. Éste es el encargado de llevar la fructosa desde el intestino delgado a las células de nuestro cuerpo. Sin embargo, la fructosa llega también a nuestro metabolismo a través de un transporte no activo (difusión pasiva). En este último proceso la fructosa se incorpora a nuestro metabolismo a remolque de otro azúcar simple, por ejemplo, la glucosa. Ninguno de los dos mecanismos es excesivamente productivo.

Debido a que para el resto de azúcares simples existen más sistemas de transporte, la fructosa es además la que es absorbida más lentamente. La ingestión de gran cantidad de fructosa, más de 35 g por hora, dinamita también en personas sanas la capacidad de absorción y conlleva molestias digestivas con efectos purgantes. Seis higos secos contienen por ejemplo 35 g de fructosa, igual que 1/2 bolsa (110 g) de uvas pasas o dos tarros (550 ml) de zumo de manzana. También las apreciadas bebidas *wellness* contienen en parte mucha fructosa. No es, por tanto, nada raro que tras la ingestión de frutos secos o de las citadas bebidas se sufran molestias intestinales, incluso en personas sanas.

Vigilantes del transporte de la fructosa

Incluso cuando todos los sistemas digestivos y de transporte de nuestro tracto estomacal e intestinal funcionen a la perfección, la ingestión de una ración de frutos secos puede conducirnos en ocasiones a la flatulencia. Tras las consiguientes ventosidades o después de haber hecho de vientre, nuestra digestión volverá a su lugar.

En caso de que exista una intolerancia a la fructosa (mal absorción de la fructosa) esto significa que la función del transportador GLUT 5 es defectuosa o que no existe. En este caso la fructosa ingerida sólo puede ser absorbida a través del camino del transporte pasivo. En consecuencia una parte de la fructosa se queda en el tracto intestinal, llegando al intestino grueso.

Flatulencias y diarrea

Debido a la constante llegada de fructosa, la flora intestinal correspondiente a las bacterias propias de esta zona del intestino grueso se ve modificada. Éstas metabolizan la fructosa, entre otras cosas, en dióxido de carbono (CO_2), hidrógeno (H_2) y metano (CO_4). Esto conduce a flatulencias y a descomposición. Simultáneamente se forman ácidos grasos de cadena corta (n-butirato, lactato), que son los responsables del cambio de consistencia de las heces. El mayor volumen irrita al intestino grueso. Según el grado de ocupación del intestino grueso el paciente sufre de flatulencias y de opresión en la región del epigastrio, de cambios en la consistencia de las heces e incluso de diarrea y de dolores de barriga en forma de cólicos.

Alerta, ¡sorbitol!

El sorbitol es un alcohol de azúcar (véanse páginas 10/11). Detiene la absorción de fructosa en el cuerpo al utilizar los mismos transportadores. La ingestión de grandes cantidades de sorbitol en los alimentos entorpece la absorción de fructosa. Renuncie, especialmente al principio de su cambio alimenticio, a alimentos que contengan sorbitol. Éstos se relacionan en el plan de 3 fases (véanse páginas 14/15).

> **➤ Posibles molestias asociadas a la intolerancia a la fructosa**
>
> › Dolores de barriga e incluso calambres intestinales.
> › Ruidos intestinales claramente audibles.
> › Flatulencias retenidas.
> › Heces de consistencias variada.
> › Diarrea.
> › Estreñimiento.
> › Opresión en la zona del epigastrio.
> › Dolores de estómago.
> › Náuseas.
> › Pérdida de apetito.

El diagnóstico
Reconocer
una intolerancia

Antes de cambiar su alimentación y eliminar la fructosa de su dieta debe confirmar el diagnóstico. Para hacer un diagnóstico seguro es indispensable la prueba del aliento con la determinación del H_2. Los análisis de sangre o de heces no pueden substituirlo. Las pruebas del aliento tienen la ventaja de que pueden realizarse a todos los pacientes, incluidos los niños.

Es el médico el que ha de decidir la realización de una prueba del aliento. En pacientes con una intolerancia congénita a la fructosa de carácter hereditario no debe realizarse ningúna prueba del aliento, ya que en estos casos debe evitarse cualquier ingestión de fructosa.

La prueba del aliento con la determinación del H_2

En la prueba del aliento con la determinación del H_2 se mide la concentración de hidrógeno en el aire aspirado en ppm (partes por millón). Antes de la medición, el paciente toma una solución de fructosa. Seguidamente sopla en un aparto de prueba del aliento siguiendo una frecuencia establecida.

Esta prueba sirve para establecer exactamente el hecho por el cual se produce el problema, es decir, la causa por la que las bacterias existentes en el tracto intestinal metabolizan el azúcar. Si en el intestino delgado existe una alteración del transporte de fructosa o si la cantidad de fructosa ingerida sobrepasa la capacidad máxima digerible, la fructosa llega sin digerir al intestino grueso y allí fermenta gracias a las bacterias. Con ello se producen los gases de fermentación hidrógeno (H_2) y metano. El gas de hidrógeno llega a las paredes del intestino a través de la corriente sanguínea (difusión) y de allí a los alvéolos. Aquí es donde se mide al ser espirado.

Estudios previos, como una colonoscopia, diversos medicamentos u otras enfermedades de base, como una infección bacteriana de la flora intestinal pueden falsear el resultado de la prueba del aliento. En estos casos se utiliza una solución de otros azúcares, como, por ejemplo, la de lactulosa o una solución de glucosa, para diagnosticar las molestas.

Pero no sólo el resultado de la prueba del aliento es decisivo. También las molestias que se producen mientras e inmediatamente después de la prueba. Sólo entonces puede decidirse si conviene o no un cambio en la alimentación.

La prueba del aliento con determinación del H_2 ocupa un destacado lugar en el diagnóstico de diarreas, flatulencias, náuseas y otras molestias no típicas del tracto digestivo.

Una ayuda para el intestino

Los alimentos funcionales y los yogures prebióticos pueden mantener sana la flora intestinal. Los

➤ Probióticos

Los alimentos probióticos contienen microorganismos vivos que influyen positivamente en la función intestinal y aumentan las defensas naturales. Para mejorar el valor de los productos lácteos se utilizan sobre todo lactobacterias y bifidobacterias. Si quiere aprovechar su efecto positivo debe tomar probióticos diariamente ya que esto sólo se consigue mediante la ingestión a largo plazo. Estas «pequeñas ayudas» únicamente se aconsejan en caso de tener a la vez colon irritable.

Cuando existe una intolerancia a los azúcares de la leche (intolerancia a la lactosa) puede conseguir en la farmacia preparados libres de lactosa.

➤ Prebióticos

Los alimentos con un aditivo prebiótico como la oligofructosa o la inulina protegen la flora intestinal natural y actúan positivamente sobre la función intestinal. Pero la oligofructosa y la inulina contienen fructosa. Seguramente por este motivo aquellas personas que padecen una mala absorción de la fructosa no pueden disfrutar de sus efectos positivos. Debido a la falta de estudios en este terreno, desaconsejamos los prebióticos para aquéllos que padezcan mal absorción de la fructosa.

Importante

Naturalmente hay que separar la mala absorción de la fructosa descrita hasta aquí de la intolerancia a la fructosa hereditaria (intolerancia a la fructosa congénita). Las diferencias entre estos dos cuadros clínicos pueden verse claramente en el recuadro inferior. Los pacientes con intolerancia a la fructosa hereditaria tienen que alimentarse toda su vida de forma claramente distinta. ¡El cambio de la alimentación presentado en este libro y la ingestión moderada de glucosa no están indicados para estos pacientes!

alimentos funcionales se dividen en probióticos y prebióticos. Para pacientes con mala absorción de la fructosa se aconsejan con frecuencia probióticos o alimentos que contienen en parte probióticos. Pero esta práctica no es general. Pruebe simplemente si le sientan bien estos productos. Sin embargo, las investigaciones actuales desaconsejan los prebióticos (ver cuadro superior derecho).

Mala absorción de la fructosa = molestias digestivas adquiridas	Signos de delimitación	Intolerancia hereditaria a la fructosa = alteraciones metabólicas congénitas
› Alteración del transportador de fructosa GLUT5 en el intestino delgado	› Causa	› Defecto de la encima aldolasa B en el hígado
› Frecuentemente, temporal	› Duración de la alteración	› Toda la vida
› El test del aliento con la determinación del H_2 › Ingestión moderada de productos de bajo contenido en fructosa	› Método de diagnóstico › Alimentación	› Análisis de sangre › Ingestión estricta de productos de bajo contenido en fructosa durante toda la vida
› Afecta a 30 de cada 100 personas	› Frecuencia	› Afecta a 1 de cada 20.000 recién nacidos

Endulzar la vida
Utilizar el azúcar
correctamente

Aún padeciendo una mala absorción de la fructosa no tiene por qué renunciar a lo dulce. Algunos tipos de azúcares son bien tolerados por personas que sufren mal absorción de la fructosa; otros, por el contrario, producen molestias. Por eso es necesario saber algo sobre el azúcar.

Los componentes más pequeños del azúcar son los azúcares simples, por ejemplo, la glucosa (azúcar de uva) o fructosa (azúcar de fruta). En combinaciones diversas se produce el siguiente grupo de azúcares, los azúcares dobles. Cuando se unen una molécula de fructosa y una molécula de glucosa aparece la sacarosa, conocida como azúcar doméstico. En un cristal de azúcar doméstico se encuentran un montón de estas moléculas dobles enlazadas entre ellas. Cuando la sacarosa se digiere en el intestino delgado, la fructosa vuelve a aparecer como azúcar simple y en caso de intolerancia a la fructosa puede ocasionar las molestias descritas.

Pero también otros azúcares contienen en parte fructosa. Con nuestro pequeño diccionario de los azúcares puede evitar la ingestión de fructosa. Además, ayuda mucho entender la lista de los ingredientes de los productos.

La **glucosa/dextrosa** (azúcar de uva) es un **azúcar simple**. Es bien tolerada por las personas que absorben mal la fructosa y mejora su aprovechamiento en el intestino, ya que la reconduce. En su compañía, la fructosa atraviesa de una forma claramente más fácil a la pared intestinal. El azúcar de uva es, por ese motivo, un endulzante ideal. Puede encontrarse granulado en todos los super-

➤ Carbohidratos

	Tolerancia		
Azúcares simples			
Glucosa (azúcar de uva)	☺	☺	☺
Fructosa (azúcar de fruta)	☹	☹	☹
Azúcares dobles			
Sacarosa (azúcar doméstico) = Glucosa + Fructosa	☺	☹	
Lactosa (azúcar de la leche) = Glucosa + Galactosa	☺	☺	
Maltosa (azúcar de malta) = Glucosa + Glucosa	☺	☺	

mercados. Como sustitutivo del azúcar doméstico puede preparar con él todo tipo de pasteles y postres. Cambie el azúcar doméstico por azúcar de uva. Pero, ¡atención!: el azúcar de uva posee un 30% menos de poder endulzante que el azúcar doméstico. Por ello necesita en sus recetas un 30% más de azúcar de uva que de azúcar doméstico.

El uso de azúcar de uva es, en la primera fase, especialmente importante. Tras la disminución de las molestias puede volver a ser sustituido por azúcar doméstico. Demasiado azúcar de uva (más de 100 g/hora) provoca problemas digestivos a personas sanas. Tome por tanto sólo cantidades normales de alimentos endulzados con azúcar de uva.

El **jarabe de glucosa** contiene principalmente glucosa y es tolerado sin problemas.

La **fructosa** (azúcar de fruta) también es un **azúcar simple**. Se encuentra en todo tipo de fruta y en algunas verduras. Los zumos de frutas y los frutos secos son ricos en fructosa. Contienen más azúcar de fruta que otros azúcares simples. Con frecuencia la fructosa se utiliza en grandes cantidades en alimentos para diabéticos. Ocasionalmente también se utiliza como aditivo en la industria alimentaria. Aparece entre los ingredientes como jarabe de fructosa. Por tanto, lea atentamente la lista de ingredientes. Especialmente en la fase de carencia deben evitarse del todo los alimentos ricos en fructosa. La mayor fuente de fructosa en nuestra alimentación la constituye, junto con la fruta, el azúcar doméstico (ver abajo).

Sacarosa es el nombre químico para el azúcar doméstico. Pertenece al grupo de los **azúcares dobles** y se compone de glucosa y fructosa. La sacarosa se obtiene de la remolacha azucarera o de la caña de azúcar. Renuncie en la fase de carencia al azúcar doméstico y sustitúyalo sencillamente por azúcar de uva. Según el grado de mala absorción de la fructosa algunos pacientes toleran el azúcar doméstico en pequeñas cantidades. Pero no pruebe su grado de tolerancia individual hasta no acabar la primera fase y prácticamente ya no tenga molestias. Puede haber sacarosa en: azúcar moreno, azúcar gelatinizante, azúcar en terrones, azúcar candi, azúcar cristalizado, azúcar glas, azúcar refinado, azúcar de caña, azúcar avainillado y en el azúcar.

El **azúcar invertido** (miel artificial) es una mezcla de glucosa y fructosa. A igual que el azúcar doméstico, debe evitarse al principio de la dieta. El azúcar invertido se utiliza en la producción industrial de dulces y de galletas.

La **lactosa** (azúcar de la leche) se compone, como azúcar doble, de glucosa y galactosa. La lactosa se encuentra principalmente en los productos lácteos, como el queso fresco, el yogur y la nata, pero también en algunos productos elaborados. Los quesos, especialmente los de pasta dura, como el queso mantecoso, el Emmental o el Gouda, así como la mantequilla, la contienen en pequeñas cantidades. El azúcar de la leche es tolerado sin problemas por pacientes de mala absorción.

La **maltosa** (azúcar de malta) se compone, como **azúcar doble**, de dos partes de glucosa, es decir, de azúcar de uva. Por ese motivo es bien tolerado.

La **maltodextrina** es un **azúcar múltiple**. Está compuesto por cuatro o cinco pequeñas partes de azúcar de uva y es bien tolerado. La maltodextrina no tiene prácticamente sabor dulce y se acostumbra a utilizar como estabilizador, sustancia de relleno y conservador. Se encuentra en las sopas preparadas, productos cárnicos y embutidos, golosinas y alimentación infantil.

El jarabe de arce, el jarabe de manzana y de pera, la miel y el jarabe de remolacha se componen hasta en un 80% de diversos tipos de azúcares, conteniendo en parte, lógicamente, gran cantidad de fructosa. Por ello deben ser evitados en la fase de carencia.

Los **edulcorantes** se producen de forma sintética y apenas contienen calorías. Químicamente no son azúcares y por eso son bien tolerados por personas con mala absorción. En Alemania están permitidos el aspartamo, **la sacarina, el ciclamato, el acesulfamo K, la neohesperidina DG y la Thaumatina**. Todas estas sustancias saben dulce y endulzan entre 300 y 500 veces más que el azúcar doméstico.

Los sustitutivos del azúcar (alcoholes de azúcar) se utilizan sobre todo en la industria alimentaria. Saben dulce, sin provocar caries. Se encuentran frecuentemente en la goma de mascar y en los caramelos con la denominación de «sin azúcar». Los sustitutivos del azúcar se encuentran también en las golosinas para diabéticos. Tomados en exceso tienen efecto purgante, también en personas sanas. Las personas que padecen mala absorción de la fructosa deben evitar totalmente estas sustancias para no cargar en exceso su ya irritado intestino. Son alcoholes de azúcar el **sorbitol** (E420), el **manitol** (E421), la **isomaltosa** (E953), el **maltitol** (E 965), el **lactitol** (E966) y el **xilitol** (E967).

Así de fácil funciona
Tres pasos para
conseguir un vientre tranquilo

El primer paso se completa en el momento de confirmar el diagnóstico de mala absorción de la fructosa. Ahora ya puede empezar a cambiar su dieta en tres fases, cosa que va a resultarle más fácil de lo previsto. Si no consigue cambiar su alimentación solo, diríjase a un especialista en alimentación.

La primera fase (fase de carencia)

En esta fase tome sólo alimentos de la columna izquierda de la tabla (ver página 14/15). En la tabla de fases (ver desplegable de portada) encontrará numerosos platos que podrá disfrutar en este período.

La ingestión de alimentos en esta fase de la dieta es estrictamente baja en fructosa. Debe prescindirse totalmente de alimentos que contengan fructosa y sorbitol (carencia). La fase de carencia dura entre dos y cuatro semanas y sólo se termina cuando sus molestias hayan mejorado de forma clara. Cuando durante cinco casi no sienta ya molestias podrá pasar a la segunda fase.

Es ahora de suma importancia la ingestión abundante de líquidos: los adultos tomarán diariamente un mínimo de dos litros y los niños un litro y medio. Está especialmente indicada el agua mineral sin gas y las infusiones. Las bebidas con gas sólo aportan aire innecesario al tracto digestivo. También los alimentos voluminosos y flatulentos como las verduras del grupo de la col, las cebollas o las legumbres actúan de forma negativa en el proceso de curación. Mastique bien y tómese tiempo para comer. Esto le ayudará a poner paz en su intestino. Informe a sus familiares y amigos. En el caso de los niños aparecen con frecuencia problemas dietéticos porque comen dulces en casa de los abuelos. También los niños deben esperar un mínimo de cinco días antes de iniciar la segunda fase. Si las molestias no mejoran después de dos a cuatro semanas revise su plan de alimentación por si estuviera cometiendo algún error. En caso de duda consulte a su terapeuta especialista o a su médico.

La segunda fase (fase de prueba)

Su intestino se ha tranquilizado de forma evidente y en conjunto usted se siente mejor. **Pruebe en esta fase alimentos de la columna central de la tabla (ver página 14/15).** Éstos contienen cantidades moderadas de fructosa y tomados con moderación serán bien tolerados.

La base de su alimentación siguen siendo los productos de la columna de la izquierda. Pero ahora ampliará sus posibilidades con los que se encuentran en la columna del centro. En la tabla de fases (ver desplegable de portada) tiene una visión de conjunto de los platos para esta fase de prueba. Y siga degustando las recetas de la fase de carencia.

Pruebe los nuevos alimentos siempre en pequeñas cantidades. Si tras su ingestión vuelven las molestias, evite ese alimento y pruebe con otra cosa de la columna central.

Así podrá comprobar poco a poco qué alimentos tolera en este período. Frecuentemente la tolerancia mejora tras unos meses. Vuelva a intentarlo entonces con los alimentos que había desestimado.

Los alimentos con fructosa que usted toma por las mañanas en ayunas no se toleran tan bien como los que toma durante el día, como, por ejemplo, después de la comida del mediodía. Por lo tanto es mejor que pruebe los nuevos alimentos durante el día.

Cuando pruebe alimentos preparados con azúcar doméstico –pasteles, galletas o helados– tome además una cucharadita o un pequeño trocito de azúcar de uva. Éste mejora la relación entre fructosa y glucosa. Si tolera bien el alimento puede probar más tarde sin azúcar de uva. Empiece con pequeñas cantidades. Así sabrá enseguida cuánta fructosa admite su intestino por día. Muchas personas con mala absorción de fructosa toleran a largo plazo pequeñas porciones de alimentos con azúcar: un trozo de pastel, de dos a cuatro galletas o dos bolas de helado.

Tome con precaución aquellos alimentos que exigen un mayor trabajo en su digestión, por ejemplo, panes integrales de grano entero o verduras del grupo de la col. También deben introducirse lentamente las cebollas y las legumbres. Estos alimentos desencadenan frecuentemente, también en personas sanas, en ruidos en el vientre o flatulencias. Por lo tanto, si tras la ingestión de estos alimentos se producen los ruidos, no es que usted haya cometido algún fallo en su dieta. Si le apetecen y puede tolerarlos sin problemas entonces puede incorporarlos en su dieta diaria. Confeccione en la fase de prueba una lista de control (ver página 23). En ella haga constar los alimentos y las bebidas que toma y las molestias

que puedan aparecer. Ésta será la mejor manera de constatar sus límites de tolerancia.

También la comida tomada apresuradamente y mal masticada puede producir molestias en el vientre. El estrés y los disgustos influyen asimismo negativamente en nuestra digestión. Los ejercicios de relajación y los paseos diarios actúan a veces de forma maravillosa. Están especialmente indicados para las personas con actividades sedentarias. Incluya un paseo diario de 30 minutos en su día a día.

La fase de prueba dura de uno a dos meses y conecta fácilmente con la tercera y última fase de alimentación permanente.

La tercera fase (alimentación permanente)

Llegado este punto usted ha experimentado lo suficiente con diferentes cantidades de fructosa como para saber ya qué cantidad tolera. A pesar de las limitaciones por lo que se refiere a la fruta y la verdura, procure tomar suficientes nutrientes. La cantidad recomendada para los adultos es de unos 500 g de verdura y unos 250-300 g de fruta diarios. Los niños en edad escolar deberían tomar 300 g de verdura al día y de una a dos piezas de fruta. Se ha demostrado que un plátano se tolera bien. Pruebe otros tipos de fruta de la columna del centro (ver página 14/15). Si las tolera, inclúyalas en pequeñas cantidades de forma regular en su dieta. Pero si su digestión no acepta esta cantidad de fructosa, deberá compensarlo con suficiente verdura. El pimiento, los rabanitos, el colinabo, el pepino y ocasionalmente las zanahorias son un tentempié ideal, lleno de vitaminas. Con ello puede abastecerse de suficientes nutrientes. No renuncie más que el tiempo estrictamente necesario a alimentos ricos en fructosa, ya que éstos aportan a la vez importantes cantidades de vitaminas, substancias minerales y substancias vegetales secundarias.

El Plan de las tres fases
Comer y beber la cantidad justa de fructosa

	1ª FASE DE LA DIETA: Fase de carencia. Bajo contenido en fructosa. Siempre adecuada	2ª FASE DE LA DIETA: Fase de prueba. Modificación de la fructosa. Adecuada con restricciones	Molestias por exceso de fructosa. No adecuada
Bebidas	**Agua:** agua mineral sin gas, agua mineral con bajo contenido en gas, agua corriente. **Bebidas no alcohólicas:** bebidas *light* sin calorías (como los refrescos con sacarina, te frío). **Té y café:** café en grano, té verde y negro (máximo cuatro tazas por día), café de cereales, té de frutas, té de hierbas. **Alcohol:** cerveza tipo pils (según las normas alemanas), de pureza, aguardientes.	**Agua:** agua mineral con gas añadido. **Bebidas no alcohólicas:** refrescos, cola, zumos de fruta con agua mineral de tipos de fruta contenidos en esta columna, zumo de verduras, té frío. **Té y café:** capuchino instantáneo, té instantáneo. **Alcohol:** cerveza de trigo, cerveza de malta, licor de hierbas, licor, vinos secos.	**Bebidas no alcohólicas:** bebidas *wellness* con fructosa/sorbitol/isomaltosa; zumos de fruta, macedonias (con y sin alcohol). **Alcohol:** vinos dulces, vinos de cosecha tardía.
Verduras y productos de verduras	Berenjena, tallo de apio, pepino, verduras del grupo de la col (coliflor*, brócoli*, colinabo*, col de Bruselas*, col china*), calabaza, acelga, zanahorias (en pequeñas cantidades), olivas, pimiento (rojo y amarillo), chirivía, setas (cocinadas), remolacha roja, apio, espárrago, espinaca, nabo sueco, tomate (fresco), calabacín.	Hojas de lechuga (todas las clases), judías (verdes), chicoria, hinojo, verduras del grupo de la col (col verde*, col roja*, col agria*, col blanca*, col de Milán*), colinabo, ajo, maíz, pimiento (verde), puerro, escorzonera, tomate (conserva), tirabeques, cebolla. **Además:** platos preparados o semipreparados.	Alcachofas, setas (crudas). **Además:** conservas con fructosa/sorbitol.
Legumbres	Guisantes (verdes en lata), derivados de la soja (leche de soja, tofu, etc.).	Alubias (rojas y blancas), guisantes, lentejas, judías de cera.	Alubias (gruesas), garrafón, habas de soja (frescas).
Patatas	Patatas, platos con patatas (como patatas fritas, fritura de patatas rayadas), patatas chips.		
Frutas y productos de fruta	Aguacate, plátano (ocasionalmente, junto con azúcar de uva), lichi, papaya, ruibarbo (con azúcar de uva o sacarina).	Piña, albaricoques, bayas (fresas, arándano, saúco, grosella roja, grosellero), clementina, pomelo, melón, kiwi, mandarina, ciruela amarilla, melocotón, cereza ácida, sandía. **Además:** gelatina y mermelada de tipos de frutas adecuadas.	Manzana, pera, dátil, higo, mango, ciruela, uva, frutos secos (como uva pasa). **Además:** zumos, mermeladas o fruta untable con fructosa, sorbitol o isomaltosa.
Nueces y semillas	Nueces (todas), coco, semillas (todas).		
Cereales, pan, productos de panificación y bollería, pasta, alimentos	**Cereales:** harina de trigo, harina de centeno (en pequeñas cantidades), copos ligeros de avena, amaranto, trigo sarraceno, espelta, cebada, mijo, maíz, quinoa, salvado de trigo, *couscous*, bulgur.	**Cereales:** brotes de cereal. Pan y productos de panificación: panes de grano entero, pan, panecillos con azúcar, miel o sirope, panecillos de chocolate; pasteles, galletas y pastas con sacarosa.	**Muesli y barritas de muesli** con frutos secos, con fructosa, sorbitol, isomaltosa. **Además:** productos de panadería y pastelería refinados para diabéticos.

* Mejor asimilable como producto congelado

	1ª FASE DE LA DIETA: Fase de carencia. Bajo contenido en fructosa. Siempre adecuada	2ª FASE DE LA DIETA: Fase de prueba. Modificación de la fructosa. Adecuada con restricciones	Molestias por exceso de fructosa. No adecuada
	Pan y productos de panadería y pastelería: pan de harina integral molida, panecillo, *croissant*, pan de molde blanco, Brezel, pan de centeno y trigo, pan blanco, productos refinados de panadería y pastelería con azúcar de uva. **Alimentos:** pasta, arroz, arroz hinchado sin azúcar, gofres de arroz. **Además:** copos de maíz tostado con maltosa/malta.	Productos refinados de panadería y pastelería con azúcar, miel o sirope. **Muesli:** copos de muesli sin frutas; muesli preparado (por ejemplo, muesli tostado). **Además:** *Corn Flakes*, Arroz hinchado con azúcar o miel.	
Leche y productos lácteos	Leche, bebidas lácticas con cacao puro (sin azúcar), nata, queso fresco para untar, yogur natural (sin aditivos prebióticos), suero de leche (sin fruta añadida), kéfir, leche condensada sin endulzar. **Quesos:** queso fresco, queso para untar, queso en porciones, queso tierno, queso curado.	Yogur de frutas, suero de leche con frutas, leche condensada endulzada, cacao en polvo para beber con azúcar.	
Carne y embutidos	**Carne** (cualquier tipo). **Embutidos: jamón y fiambre asado** (por ejemplo, pavo).	Delicadezas de carne y de pescado con azúcar/endulzantes.	
Pescado y mariscos	**Pescado** (de todo tipo). **Crustáceos y moluscos** (de todo tipo).	Conservas de pescado con azúcar/edulcorantes (por ejemplo, arenque en salsa de tomate).	
Huevos	De cualquier manera (por ejemplo, fritos, revueltos).	Platos de huevos endulzados con azúcar (por ejemplo, *crêpes*).	
Grasas y aceites	Todo tipo de grasas vegetales y animales.		
Azúcares y edulcorantes	**Azúcares simples:** azúcar de uva (glucosa), dextrina, dextrosa, jarabe de glucosa. **Azúcares dobles o compuestos:** azúcar de malta (maltosa), maltodextrina, azúcar de la leche (lactosa). **Edulcorantes:** sacarina, ciclamato, aspartamo.	**Azúcares dobles:** azúcar doméstico (sacarosa) en cualquier forma como azúcar moreno, azúcar de caña, candi, cristalizado, azúcar glas, avainillado, glaseado; jarabe de arce, jarabe de glucosa-fructosa, azúcar invertido, melaza.	**Azúcares simples:** azúcar de la fruta (fructosa), jarabe de fructosa. **Substitutivos del azúcar:** sorbitol, xilitol, manitol, isomaltosa (palatinitol), maltitol, lactitol. **Además:** jarabe de manzana, jarabe de pera, miel, inulina.
Dulces y productos para picar	Caramelos de azúcar de uva. Palitos de sal, ganchitos, chips, tortitas de arroz.	Caramelos de frutas, gominolas de frutas, regaliz, caramelos de azúcar tostado, praliné, bombones, chocolate, mazapán, crema de praliné con nueces.	Bombones y chocolate con fructosa, sorbitol o isomaltosa. **Además:** golosinas u gomas de mascar sin azúcar.
Especias, aromas y otros	Todas las especias y hierbas; vinagre (exceptuando el balsámico), mostaza (picante y semipicante), mayonesa; caldo; levadura; vainilla en rama, aromas artificiales; levadura química, gelatina, preparado para postres, pudin en polvo sin endulzar.	Kétchup, vinagre balsámico, mostaza dulce, salsas para condimentar, aromas naturales (corteza de limón, zumo de limón), polvos para pudin instantáneo.	Salsas de frutas.

Comer fuera de casa
Sorteando
las trampas de fructosa

Será en el primer período del cambio de alimentación cuando más note las «prohibiciones». No se desanime. Un cambio de alimentación consecuente le llevará de una forma relativamente rápida a poder probar y a tolerar alimentos de la fase de prueba.

Pero también en la fase de carencia se verá obligado a comer fuera de casa. Los siguientes alimentos le permitirán hacerlo sin preocupación alguna:

> Cualquier plato de carne o de pescado. (Excepción: platos con frutas, platos orientales agridulces).
> Cualquier plato de patatas, arroz y pasta.
> Platos de verdura sin alimentos flatulentos como la cebolla, las verduras del grupo de la col y las legumbres.
> Sopas. (Excepción: sopa de lentejas, guisantes y alubias).

Alimento	Causante oculto
> Yogur de frutas	> Fruta y considerables cantidades de fructosa
> Crema de rábano picante	> Frutos secos
> Zanahorias crudas	> Preparadas con fructosa o miel
> Muesli	> Manzana
> Muesli crujiente	> Manzana
> Col lombarda	> Manzana
> Salsas de ensalada	> Fructosa
> Bebidas isotónicas o para deporte	> Grandes cantidades de fructosa
> Gulasch	> Manzana o zumo de manzana
> Ensalada Waldorf	> Frutas
> Bebidas wellness	> Grandes cantidades de fructosa
> Gomas de mascar sin azúcar	> Gran fuente de substitutivos del azúcar y por ello frecuentemente purgante. Además a través de la masticación se traga aire, con lo que aumentan las molestias.
> Alimentos con la indicación «sin azúcar cristalino»	> El azúcar se substituye mediante fructosa y substitutivos del azúcar.
> Antitusígenos, colutorios, medicamentos	> Sorbitol.

> Pequeñas cantidades de ensalada como acompañamiento.

En caso de encontrarse ante un plato con alto contenido en fructosa, puede mejorar la situación rápidamente con azúcar de uva. Tome una pequeña porción a la vez o inmediatamente antes. Esto mejorará la unión entre azúcar de uva y fructosa aumentando su digestibilidad. Como precaución, procure llevar siempre consigo, cuando tenga que comer fuera de casa, un pedacito de azúcar de uva.

Evite las porciones grandes. Una dieta basada en cuatro o cinco pequeñas comidas posibilita que su cuerpo pueda superar las cantidades de fructosa ingerida. Si no quiere renunciar al postre, llévese de casa un plátano. Saciará su necesidad de dulce y le aportará vitaminas y minerales.

Para la elección de las bebidas guíese por la tabla de la página 14/15. Las bebidas que contienen azúcar, como los refrescos, provocan enseguida molestias, ya que pasan rápidamente al intestino exigiéndole un sobreesfuerzo. Un vaso de agua mineral en lugar de un refresco protege el intestino y le ahorrará calorías innecesarias.

¡Cuidado, tropiezos!

La mayoría de las veces son pequeños errores los que vuelven a provocar molestias en el vientre. Lea siempre la lista de ingredientes de los envoltorios y no tenga reparo en preguntar en caso de duda. En la tabla de la página anterior hemos hecho una lista con las típicas trampas del supermercado, el restaurante o la farmacia (¡!). Aquí se esconden enormes cantidades de fructosa o sorbitol.

Necesita algo dulce, bien, ¿y?

Los caramelos o piruletas de azúcar de uva son también, al principio del cambio de alimentación, una buena y digerible alternativa para satisfacer la necesidad de tomar algo dulce. Las podrá encontrar en el supermercado. Tome tranquilamente exquisiteces de azúcar de uva aromatizadas. Los aromas de frutas añadidos no contienen fructosa y se digieren bien. En la parte de las recetas (ver a partir de la página 90) encontrará un amplio surtido de dulces, galletas y helados. Con ellos podrá de ahora en adelante endulzar de tanto en tanto su vida.

Si las molestias han cedido y se encuentra en la segunda fase del cambio de alimentación, puede volver de nuevo a probar pequeñas cantidades de dulces normales, de los que puede adquirir en el supermercado. La mayoría de personas con mala absorción acostumbran a poder digerir bien de nuevo, por ejemplo, una barrita de chocolate o alguna gominola de regaliz o de frutas.

Pero siga controlando las etiquetas. La lectura de la lista de ingredientes de un producto le proporciona una valiosa información sobre las cantidades que lo componen. Con ello puede conocer si la cantidad de fructosa es excesiva o no.

Ejemplos de listas de ingredientes

Ositos de goma

Ingredientes: Jarabe de glucosa, azúcar, aromas de frutas, gelatina, acidulantes...
> Más digestibles para la mala absorción de fructosa, ya que la parte de glucosa (azúcar de uva) es mayor que la parte de fructosa.

Caramelos para masticar

Ingredientes: Azúcar, fructosa, jarabe de glucosa, aromas de frutas, gelatina, acidulantes...
> Peor digestibles para la mala absorción de fructosa, porque la parte de fructosa es mayor que la de glucosa.

Una sugerencia para los seguidores del chocolate

El chocolate negro con un elevado porcentaje de cacao (mínimo 70%) contiene menos azúcar que el chocolate de leche y por tanto se digiere mejor. Sin embargo, no olvide que este chocolate contiene más grasa. Por tanto, el contenido en calorías no es menor. También puede tomarse en caso de padecer a la vez intolerancia a la lactosa, ya que este chocolate no la contiene normalmente. Lea siempre la lista de los ingredientes.

Fructosa
controlada
Pero aún tengo preguntas

¿Durante cuánto tiempo tengo que mantener el cambio de alimentación?

La primera fase del cambio de alimentación dura de dos a cuatro semanas. Si las molestias han cedido claramente, puede ampliar de manera rápida su dieta con alimentos de la segunda fase. La fase de prueba dura normalmente de cuatro a ocho semanas, pasando entonces a la dieta de alimentación permanente. Los alimentos de la columna de la derecha (ver página 14/15), en general, se digieren peor. Sin embargo, después de dos o tres meses de cambio de alimentación empiezan a tolerarse pequeñas cantidades sin molestias. Simplemente, pruébelo.

¿Qué ocurre cuando se produce un desliz en la dieta?

Los deslices en la dieta son humanos e inofensivos. Mientras que sólo ingiera alimentos ricos en fructosa de forma ocasional y vuelva de nuevo a una alimentación consecuente hasta conseguir una disminución de las molestias, únicamente deberá contar con efectos secundarios como dolores de barriga, flatulencias y diarrea.

¿Por qué tengo a veces más y a veces menos molestias?

El motivo más habitual es la cantidad de fructosa ingerida. También las comidas copiosas, el comer apresuradamente o bien la escasez de líquidos aumentan las molestias, de la misma manera que cargas psíquicas como enfados, prisa o estrés. Si no encuentra ninguna razón para sus molestias, confeccione una lista de su alimentación (ver página 23) anotando también los problemas. Incluso cuando usted no llegue con ella a ninguna conclusión, la lista podrá ser muy útil a su médico o especialista en nutrición.

¿Son las sugerencias sobre alimentación iguales para todos los pacientes con problemas de fructosa?

No. Aunque el plan de las tres fases separa los alimentos que contienen fructosa y ellos que contienen muy poca, no distingue entre los diferentes tipos de intolerancias individuales. Es importante tener en cuenta la tolerancia individual a los alimentos. Consultar a un especialista en nutrición. Sin embargo, el plan de las tres fases se aconseja a todos los pacientes con mala absorción de fructosa, incluso en caso de existir solamente ligeras manifestaciones de intolerancia.

¿Por qué aumenta entre la población la mala absorción de la fructosa?

Se cree que la razón es la siguiente: Existen cambios sustanciales en las costumbres alimenticias, especialmente en la alimentación infantil, y con ello en la elección de los alimentos. Esto ha implicado un aumento de consumo de fructosa en comparación con los decenios anteriores. No obstante, una intolerancia a la fructosa también puede aparecer por una permanencia excesivamente corta en el sistema digestivo o bien tras patologías del intestino delgado. Además ha aumentado la sensibilización de médicos y nutricionistas respecto a esta intolerancia.

¿Influyen los alimentos modernos en la aparición de mala absorción?

Está claro que la moderna oferta de alimentos, con sus bebidas wellness y sus golosinas sin azúcar, es un factor de influencia. Sin saberlo pueden tomarse en una comida enormes cantidades de fructosa. Incluso una dieta sana con una elevada ingestión de fruta puede sobrepasar ampliamente el límite de las cantidades normales de digestión de fructosa. Además el consumo de golosinas ha subido mucho en los últimos años y con ello el aporte de fructosa.

¿Puede la mala absorción de fructosa conducir a problemas de salud serios?

Si no se trata, es decir, si no se produce un cambio en la alimentación, aumentan las molestias y la función de los órganos digestivos puede verse progresivamente afectada. Puede darse sobre todo un desequilibrio de la flora natural del intestino grueso, al estar recibiendo permanentemente grandes cantidades de fructosa. Se cree que el azúcar produce el aumento del desarrollo de elementos que provocan descomposición y fermentación. Esto puede seguir empeorando en general el cuadro de molestias.

¿He de temer que aparezcan síntomas estomacales?

Con el plan de tres fases le proponemos una terapia de alimentación que le limitará lo menos posible pero tanto como sea necesario. Después de la dieta baja en fructosa de la fase inicial se introduce de nuevo en la segunda fase una gran cantidad de alimentos, de manera que no tiene que preocuparse por un desequilibrio nutritivo. Para evitar de forma permanente un déficit alimenticio lo mejor es que se haga asesorar por un especialista en nutrición (ver página 124).

La mala absorción de la fructosa, ¿es para toda la vida?

Esta pregunta no puede responderse de forma definitiva, ya que el cuadro de molestias se conoce desde hace pocos años. Sin embargo, se supone que la mala absorción de la fructosa puede ser tanto temporal como permanente. Las experiencias realizadas hasta ahora muestran que especialmente los niños en época de crecimiento la padecen sólo de forma pasajera. Entre los adultos, por el contrario, es más probable que la intolerancia a gran cantidad de fructosa permanezca toda la vida.

Bien alimentado
y de buen humor
Planificar el refuerzo

En un caso de mala absorción de la fructosa también se puede conseguir un aporte equilibrado de nutrientes, aun cuando al surtido de alimentos adecuados sea limitado. La poca cantidad de fruta y verdura del primer período del cambio de alimentación no provoca ninguna deficiencia de nutrientes a largo plazo. Sólo en el caso de que coincidan diferentes intolerancias puede darse un déficit de nutrientes digno de mención. Especialmente importantes son en este contexto el cinc, sustancia mineral, y el ácido fólico, vitamina.

El cinc

Según un estudio, el 10% de todas las personas con mala absorción de fructosa padece falta de cinc. Esto se pone de manifiesto sobre todo en una deficiente curación de las heridas, caída del cabello, mayor número de infecciones y falta de apetito. Afecta especialmente a las personas que toman hormonas adicionales. Debido a que de momento únicamente existe el estudio citado, desaconsejamos en casos de mala absorción de la fructosa el suministro de cinc.

Lo mejor es que prevenga la falta de cinc comiendo regularmente alimentos ricos en este mineral como la carne, los lácticos, las legumbres y el pan integral. Si no está seguro de padecer o no una carencia de cinc hable con su médico. Un simple análisis de sangre es suficiente. Una carencia de cinc constatada debe ser tratada por un médico.

El ácido fólico

También en este terreno no hay hasta ahora más que un estudio que indica que las pacientes mayores de 35 años con una mala absorción de la fructosa muestran valores bajos de ácido fólico en sangre. Sin embargo, también se sabe que el 80% de la población tiende a ingerir poca cantidad de ácido fólico a través de la alimentación. Por ello, aconsejamos aumentar la ingesta de ácido fólico y no en caso de mala absorción de fructosa. Los alimentos ricos en ácido fólico son las semillas de trigo, las nueces y los productos integrales. Todavía no se ha investigado suficientemente si una provisión adecuada de ácido fólico influye en la mala absorción de la fructosa y en qué medida lo hace.

La carencia de ácido fólico no tiene por qué notarse. Pero si se da durante un largo período de tiempo se convierte en factor de riesgo para enfermedades cardiovasculares, así como para malformaciones fetales.

También en este caso es importante: Hágase analizar por su médico los valores de ácido fólico y, en caso de ser necesario, complete esta vitamina.

Depresiones

No sólo el cuerpo quiere ser bien tratado, también a veces nuestra psique pide ayuda a gritos. Se cree que los pacientes con una intolerancia a la fructosa tienen tendencia a las depresiones. Es posible que los responsables de ello sean sus procesos metabólicos. No existen aún estudios sobre este tema. Sin embargo, muchos de estos pacientes tienen tras de sí un camino de sufrimiento que puede haber durado meses o años. Por tanto, no es de extrañar que se padezcan desde cambios de humor hasta comportamientos depresivos.

Cuando el vientre no encuentra la tranquilidad

Cuando no acaba de llegar el diagnóstico definitivo y en consecuencia el cambio de alimentación se hace esperar aparece normalmente la inseguridad.

En estos casos acostumbra a ir bien que un nutricionista con experiencia en los campos de intolerancias alimenticias y patologías de estómago e intestinos, evalúe los informes referentes a la alimentación ingerida . En los casos poco claros, estos informes muestran rápidamente pequeños errores que pueden ser los responsables de las molestias.

Una importante fuente de errores ante síntomas dudosos en el vientre es la ingestión de líquido. Beba un mínimo de dos litros repartidos a lo largo del día.

También un exceso o una carencia en la ingestión de fibra conduce a molestias constantes en el vientre. Sea como sea, en caso de molestias continuas en el vientre, es básico investigar exactamente el comportamiento alimenticio de la persona.

Si las molestias no ceden, a pesar de contemplar todas las indicaciones, existe la posibilidad de que haya alguna otra patología no descubierta en el tracto digestivo. Para constatarlo debe siempre acudir a su médico.

Enfermedad	Desencadenadores habituales de molestias
› Intolerancia a la lactosa (falta de digestibilidad del azúcar de la leche)	› Leche y productos lácteos
› Alergias alimenticias	› Existen diversos alimentos que, entre otras cosas, pueden crear molestias en el tracto digestivo, en pacientes alérgicos. Entre ellos son frecuentes: la leche, el huevo, la soja y el trigo en los niños; las avellanas, la fruta cruda de pepitas y hueso (manzana, pera) y el kiwi en los adultos.
› Insuficiencia del páncreas (función limitada)	› Molestias después de cualquier comida, sobre todo tras la ingestión de comidas grasas y ricas en azúcares.
› Infección bacteriana de la flora intestinal	› Molestias (por ejemplo, flatulencias, dolores de barriga, diarreas) después de cada comida, sobre todo después de comidas grasas y ricas en azúcar.
› Piedras en la vesícula biliar	› Molestias (por ejemplo, calambres, especialmente tras comidas grasas).
› Intolerancia a la histamina (falta de digestibilidad del biogen amina histamina)	› Vino tinto, queso curado, conservas de pescado.
› Síndrome del colon irritable	› Se desconocen aún las causas exactas. El café, el estrés y la poca ingestión de líquido podrían encontrarse entre ellas.

Vivir sin molestias
Lo que todavía
debe vigilar

Lo que se mastica bien ya esta medio digerido: Todo aquello que no se corta en trocitos en la boca tiene que ser digerido por los jugos gástricos en el tracto estomacal e intestinal. Esto significa mucho trabajo para un intestino debilitado. El comer con prisas lleva incluso a personas sanas con un intestino robusto a crear flatulencias. Tómese tiempo para comer –para una comida principal son necesarios como mínimo 20 minutos–. Notará enseguida que digiere mucho mejor cuando toma sus comidas con tranquilidad.

Mayor cantidad de pequeñas comidas: No exija a su intestino más de la cuenta tomando raciones demasiado grandes. Es mejor tomar de cuatro a cinco pequeñas comidas al día que tres grandes. Lo ideal es comer entre horas algún tentempié como, por ejemplo, fruta tolerada, yogur natural con compota de fruta (ver página 30/31), leche con copos de avena o incluso a veces alguna pasta dulce (ver a partir de la página 106). Las comidas voluminosas como las ensaladas de hojas o las verduras crudas constituyen una enorme exigencia para un intestino debilitado. De estos platos sólo debe tomar pequeñas cantidades, especialmente al principio.

Las comidas dulces ricas en grasas se toleran mejor: El chocolate, los helados de leche o los pasteles son mejor tolerados por personas con mala absorción de fructosa que los helados de hielo y los refrescos. Su alto contenido en grasas retrasa la permanencia de la fructosa ingerida en el estómago. Con ello, ésta consigue llegar más lentamente al tracto intestinal inferior y no provoca apenas problemas. Por el contrario, cuando tome comidas fuertes deberá ingerir una cantidad moderada de grasa, ya que las cantidades grandes de grasa cargan en exceso un sistema digestivo debilitado.

Las verduras del grupo de la col se digieren mejor congeladas: En las verduras del grupo de la col se encuentras substancias flatulentas, que provocan estos problemas incluso en personas sanas. La coliflor, el brócoli y el resto del grupo son notablemente mejor toleradas como producto congelado. Los pacientes con una especial tendencia a la producción de gases deberían evitar al principio cualquier verdura de este grupo. En cuanto mejoren las molestias en el vientre se podrán incluir en la dieta, lentamente, verduras congeladas del grupo de la col.

Beber mucho: La ingestión abundante de líquido ayuda al intestino y favorece una correcta evacuación. Los adultos deberían tomar dos litros al día y los niños uno y medio. Evite sobre todo en la primera fase las bebidas carbónicas. También las personas con tendencia a la flatulencia. Encontrará las bebidas más adecuadas en el plan de las tres fases (ver página 14/15). Aquí tiene un senci-

Lista de control de la alimentación			Muestra
Nombre:			**Fecha:**
Hora	**Cantidad**	**Alimento/bebida**	**Molestia/deposición**
7.00	1	Taza de café con leche	
	1	Panecillo con mantequilla y queso	
7.30			Deposición normal
10.00	1	Vaso de zumo de naranja	
11.00			Ruidos en el vientre, ligeras flatulencias
12.30	1	Lasaña, queso fresco con azúcar de uva	
15.00	1	Plátano	
18.30	2 rebanadas	Pan integral con mantequilla y jamón	
	2	Tomates	
21.00	Ca. 25	Palitos de sal	
	1 botella	Cerveza	

llo truco para no olvidarse de beber: tenga siempre un vaso de agua o infusión a su alcance.

¿Heces demasiado duras?: ¿Son sus heces demasiado duras? Compruebe primero si bebe lo suficiente. La verdura al vapor y el pan integral ayudan a activar el intestino. No tome en ningún caso laxantes de forma regular. Sólo conseguiría la pérdida de minerales y el perjuicio de su flora intestinal. Además el intestino se acostumbra rápidamente a estas substancias y esto obliga a tomar cada vez dosis mayores.

¿Heces demasiado blandas? Si sus heces son demasiado blandas tome tres veces al día dos cucharadas de copos de avena mezclados con un yogur natural. Esto le ayudara especialmente en la primera fase a mejorar sus deposiciones. Si después de dos semanas todavía tiene deposiciones blandas o flatulencias es que existe todavía algún fallo en su dieta.

Quizá padezca sin saberlo, además, alguna otra intolerancia alimenticia o patología. En caso de diarrea respete estrictamente el plan de las fases y comente la posibilidad de tomar otras medidas diagnósticas con su especialista en nutrición.

El movimiento relaja: Los paseos diarios u otras formas de ejercicio suave ayudan a relajar el vientre. ¿No tiene tiempo para pasear? A veces bastan pequeños cambios en la rutina diaria para moverse más: no aparque delante mismo de la puerta de su trabajo, hágalo a unos 500 metros y camine hasta allí. Cuando hable por teléfono hágalo de pie o caminando. Utilice las escaleras en lugar del ascensor.

Tranquilidad, diversión y relax: El estrés lleva a muchas personas a padecer problemas digestivos. Para un paciente con mala absorción de fructosa y con un intestino debilitado el estrés puede ser la gota que derrame el vaso. Por eso es especialmente importante que en nuestro día a día nos mantengamos tranquilos y relajados. Piense en lo que le divierte de verdad y en qué situaciones se encuentra realmente bien. ¿Quizá bailando, pintando, cantando o leyendo? Planifique concretamente cómo puede mejorar.

Recetas bajas en fructosa

Cocinar, hornear y disfrutar

y con poca fructosa

Coma de maravilla y disfrute plenamente. En las páginas siguientes encontrará un gran surtido de recetas para cada ocasión. De una forma sencilla, rápida y gustosa conseguirá poco a poco que su vientre se relaje.

Preparando las recetas que proponemos se divertirán tanto grandes como pequeños. Tome los pasteles, helados, postres y golosinas que desee. Nadie tiene que renunciar a lo dulce. Pero atrévase también con nuestros platos fuertes. Preparados de una forma rápida y fácil, aportarán variedad a su dieta.
De esta manera también podrá disfrutar en su trabajo de una comida sabrosa con la cantidad justa de fructosa.

Muesli de copos de avena

**INGREDIENTES
PARA 2 PERSONAS**

3 cucharadas de pepitas
de calabaza

500 g de yogur
(3,5% de materia grasa)

8 cucharadas de copos de avena
tiernos

Una puntita de aroma de piel de
naranja (producto preparado,
puede substituirse por ralladura
de naranja de cultivo biológico)

1 plátano

1 cucharada de azúcar de uva

PREPARACIÓN: 5 minutos

1. Picar gruesas dos cucharadas de pepitas de calabazas. Mezclar el yogur con los copos de avena. Añadir las semillas picadas y la piel de naranja.

2. Pelar el plátano y cortarlo en rodajas. Introducirlo en el yogur.

3. Endulzar el yogur con el azúcar de uva y repartirlo en dos cuencos. Espolvorear cada uno con una cucharada de pepitas de calabaza.

SUAVE COMIENZO

Por su contenido en fibra de fácil digestión, este muesli está muy indicado especialmente al principio del cambio de alimentación. Los copos de avena tiernos son, justo en la fase de carencia, mucho mejor tolerados que los copos de cereal de grano grueso. En la segunda fase de la dieta (fase de prueba) puede variar a su gusto la mezcla de muesli con frutas adecuadas.

Valores nutricionales por ración:

435 kcal • **18 g** proteínas • **19 g** grasas • **48 g** carbohidratos

Muesli crujiente

**INGREDIENTES
PARA 2 PERSONAS**

125 g de copos de avena
30 g de semillas de girasol
1 cucharada completa de copos de coco
2 cucharadas de aceite de girasol
50 g de azúcar de uva
Papel para hornear

PREPARACIÓN: 40 minutos

1. Mezclar los copos de avena con las semillas de girasol y los copos de coco. Precalentar el horno a 150°. Poner el papel para hornear sobre la bandeja del horno.

2. Mezclar en una sartén el aceite con el azúcar de uva. Calentarlos a alta temperatura sin dejar de remover hasta que el aceite y el azúcar se unan, dando lugar a un líquido de color claro. Esparcir la mezcla de copos. Remover hasta que la mezcla de aceite y azúcar haya sido absorbida y la base de la sartén esté seca.

3. Extender la masa de copos sobre la bandeja del horno. Dorarla en el horno (media altura, horno de aire 130°) durante 20-25 minutos. Darle varias vueltas durante el horneado. Retirar el muesli de la bandeja y dejarlo enfriar.

SUGERENCIA

Muchos mueslis preparados contienen jarabe de fructosa o frutos secos. Con esta mezcla básica conseguirá su propio muesli crujiente. Para variar puede prepararlo también con nueces, sésamo u otros copos de cereales. Si se desea también se puede mezclar una cucharada de canela en la mezcla de copos antes del horneado. En un recipiente bien cerrado el muesli crujiente puede conservarse fresco hasta cuatro semanas.

Valores nutricionales por ración:

540 kcal • **12 g** proteínas • **27 g** grasas • **63 g** carbohidratos

Muesli de trigo con cerezas

**INGREDIENTES
PARA 2 PERSONAS**

8 cucharadas de granos de trigo
200 g de cerezas ácidas (envasadas)
2 cucharadas de azúcar de uva
200 g de nata para montar

PREPARACIÓN: 10 minutos
REMOJO: 12 horas

1. Moler grueso el trigo en el molinillo de cereales. Mezclarlo con 120 ml de agua fría y dejarlo en remojo tapado toda la noche, unas 12 horas.

2. Escurrir las cerezas. Añadirlas a la papilla de trigo. Endulzar con azúcar de uva.

3. Montar la nata e incorporarla con cuidado a la mezcla. Repartir el muesli en dos cuencos y servirlo.

SUGERENCIA

Este muesli es muy saciante. Si se prefiere más ácido puede substituirse el agua por 120 ml de zumo de limón. En la fase de prueba puede incorporar al muesli otras frutas toleradas. Al principio de la fase de prueba prepare el muesli siempre con nata. Su alto contenido en grasa favorece el aprovechamiento de la fructosa. Cuando ya no se presenten problemas digestivos puede pasar al yogur (3,5% de materia grasa).

Valores nutricionales por ración:

500 kcal • **8 g** proteínas • **33 g** grasas • **43 g** carbohidratos

Pan de trigo fino

PARA 16 PORCIONES

650 g de harina de trigo integral
2 cucharadas de sal
1 dado de levadura (42 g)
Grasa para el molde

PREPARACIÓN: 15 minutos
HORNEADO: 50 minutos

1. Mezclar la harina con la sal. Desmenuzar la levadura y esparcirla sobre la harina.

2. Con el accesorio de amasar de la batidora manual mezclar lentamente con 500 ml de agua tibia. Seguir amasando hasta conseguir una masa compacta.

3. Engrasar el molde. Verter la masa. Poner el pan al horno a 200° (media altura, horno de aire 180°) durante 50 minutos.

SUGERENCIA

¿Le apetece algo crujiente? Entonces añada a la masa 100 g de semillas de girasol, sésamo, semillas de amapola o de linaza. Ahora necesitará 600 ml de agua.

Valores nutricionales por ración:

135 kcal • **5 g** proteínas • **1 g** grasas • **27 g** carbohidratos

Pan de yogur

PARA 20 PORCIONES (1 pan)

300 g de harina de trigo integral
300 g de harina
2 cucharadas de levadura química
3 cucharadas de azúcar de uva
1 cucharadita de sal
1 huevo
425 g de yogur
Harina para trabajar
Grasa y harina para la bandeja del horno

PREPARACIÓN: 15 minutos
HORNEADO: 40 minutos

1. Precalentar el horno a 200°. Engrasar una plata de horno y espolvorearla con harina. Mezclar la harina integral, la harina, la levadura, el azúcar de uva y la sal. Batir el huevo con el yogur.

2. Con el accesorio de amasar de la batidora manual mezclarlo todo. Amasar la mezcla sobre la superficie de trabajo, previamente enharinada, hasta conseguir una masa uniforme.

3. Formar un pan redondo. Ponerlo sobre la plata del horno y marcar una cruz en la parte superior.

4. Hornear el pan (media altura, horno de aire 180°) durante unos 40 minutos. Sacarlo del horno y ponerlo sobre una rejilla para que se enfríe.

RÁPIDO

Este sabroso pan sólo necesita levadura química. Lo tendrá hecho en un santiamén.

Valores nutricionales por ración:

125 kcal • **4 g** proteínas • **1 g** grasas • **24 g** carbohidratos

Mermelada de bayas

**PARA 3 RECIPIENTES
DE 400 g**

**1 Kg de bayas variadas
(frescas o congeladas)**

500 g de azúcar de uva

**1 sobre de preparado para
gelatina 2:1**

**2 cucharaditas de edulcorante
líquido**

PREPARACIÓN: **20 minutos**

1. Lavar cuidadosamente las bayas, escurrirlas bien y limpiarlas. En caso de frutas congeladas, dejarlas descongelar.

2. Pasar las bayas por la batidora. Pasar el puré de frutas por un colador fino.

3. Mezclar el azúcar de uva con el preparado para gelatina. Añadirlo junto con el edulcorante al puré de bayas.

4. Llevar a ebullición la mezcla de bayas y azúcar. Dejar hervir durante tres minutos sin dejar de mover. Introducirla en recipientes herméticos y cerrar inmediatamente.

SUGERENCIA

**La mermelada se conserva
sin abrir unos tres meses.
Deberá consumir los
recipientes abiertos en un
plazo de dos semanas.**

Valores nutricionales por ración:

30 kcal • **0 g** proteínas • **< 1 g** grasas • **7 g** carbohidratos

Compota de albaricoques

PARA 2 TARROS DE 400 g

200 g de albaricoques secos
(sin sulfatar)
250 g de azúcar de uva

PREPARACIÓN: 60 minutos
REMOJO: 12 horas

1. Lavar los albaricoques. Cubrirlos con 500 ml de agua y dejarlos en remojo tapados durante unas 12 horas o bien toda la noche.
2. Triturar las frutas, junto con el agua del remojo, en la batidora.

3. Mezclar en una olla el puré de albaricoques con el azúcar de uva. Llevarlo a ebullición y dejarlo cocer suavemente, destapado, a fuego lento durante unos 40 minutos, hasta que se convierta en un puré espeso. Remover de vez en cuando.
4. Ponerlo aún caliente en tarros herméticos y cerrarlos enseguida. Cerrados duran unos tres meses. Una vez abiertos hay que consumirlos en un plazo de dos semanas.

SUGERENCIA

Este puré está especialmente bueno untado sobre nuestro pan de trigo y acompañado por un poco de queso fresco (ver página 28). El puré de albaricoque es también un delicioso relleno, por ejemplo, para el pastel de naranja y chocolate (ver página 118).

Valores nutricionales por ración:

30 kcal • **0 g** proteínas • **< 1 g** grasas • **7 g** carbohidratos

Crema de vainilla y cerezas

PARA 2 TARROS DE 450 g

1 tarro de cerezas ácidas
(650 g peso neto)
400 g de azúcar de uva
2 sobres de preparado para pudin de vainilla (para hervir en 500 ml de leche)

PREPARACIÓN: 20 minutos

1. Separar 100 ml de zumo de cerezas. Triturar las cerezas con el resto del líquido.
2. Llevar a ebullición el puré de cerezas con el azúcar de uva. Mezclar el zumo de cerezas con el preparado para pudin.
3. Añadir la mezcla al puré de cerezas. Dejar hervir durante un minuto. Ponerlo aún caliente en tarros herméticos y cerrar inmediatamente. Cerrados duran unos tres meses. Una vez abiertos hay que consumirlos en un plazo de dos semanas.

SUGERENCIA

Con unas cuantas cucharaditas de crema de vainilla y cerezas transformará el queso freso para untar o el yogur en un postre de fruta.

Valores nutricionales por ración:

35 kcal • **0 g** proteínas • **< 1 g** grasas • **9 g** carbohidratos

Mantequilla de chocolate

PARA 2 TARROS DE 300 g

250 g de mantequilla blanda
6 cucharadas de azúcar de uva
3 cucharadas de cacao

PREPARACIÓN: 10 minutos

1. Batir con la batidora manual la mantequilla, el azúcar de uva y el cacao hasta conseguir una crema suave.

2. Poner la crema en un tarro hermético y cerrar. A temperatura ambiente se conserva unos 14 días.

SUGERENCIA

Esta crema untable está indicada para todo el mundo. En el desayuno es el alimento preferido de los niños.

Valores nutricionales por ración:

155 kcal • **1 g** proteínas • **14 g** grasas • **6 g** carbohidratos

Crema praliné de avellanas

**INGREDIENTES
PARA 2 PERSONAS**

5 cucharadas de azúcar de uva
3 cucharadas de avellanas picadas
1 cucharada de cacao
3 cucharadas de nata agria

PREPARACIÓN: 10 minutos

1. Mezclar el azúcar de uva con las avellanas y el cacao.

2. Añadir la nata y batirla hasta conseguir una crema suave.

3. Poner la crema en dos cuencos y servirla.

SUGERENCIA

En caso de que sobre: ponerla en tarros y guardar en la nevera. De esta manera se conservará algunos días. También está muy sabrosa añadiéndole almendras molidas.

Valores nutricionales por ración:

265 kcal • **3 g** proteínas • **11 g** grasas • **40 g** carbohidratos

Crema dulce de almendras para untar

**INGREDIENTES
PARA 2 PERSONAS**

100 g de queso fresco de alto
contenido en nata
50 g de almendras molidas
2 cucharadas de azúcar de uva
1-2 gotas de aroma de almendras
amargas (para hornear)

PREPARACIÓN: 10 minutos

1. Batir bien con un tenedor el
queso fresco con las almendras, el
azúcar de uva y el aroma de almendras amargas.

2. Repartir la crema en dos cuencos y servir. Poner lo que sobre en
un recipiente que cierre bien y conservarlo fresco. Consumir en el
plazo de una semana.

VARIANTE

**¿No tiene almendras en casa?
Pruebe a preparar la crema
con nueces o anacardos y un
pellizco de canela.**

Valores nutricionales por ración:

350 kcal • **8 g** proteínas • **28 g** grasas • **17 g** carbohidratos

Crema de plátanos y coco

**INGREDIENTES
PARA 2 PERSONAS**

1 plátano maduro
1 cucharadita de cacao
2 cucharadas de nata agria
3 cucharadas de azúcar de uva
2 cucharadas de copos de coco

PREPARACIÓN: 10 minutos

1. Pelar el plátano y chafarlo bien
con un tenedor.

2. Mezclar el puré con la nata, el
azúcar de uva y el cacao. Añadir
los copos de coco.

3. Poner la crema en dos cuencos
y servir. Colocar lo que sobre en
una recipiente que cierre bien y
conservarlo fresco. Consumir en el
plazo de una semana.

Valores nutricionales por ración:

235 kcal • **2 g** proteínas • **10 g** grasas • **35 g** carbohidratos

Mantequilla balsámica de queso

PARA 2-3 PERSONAS

25 g de parmesano
25 g de appenzeller
15 g de camembert suave
60 g de mantequilla blanda
1 cucharada de leche
Pimienta blanca
Pimentón dulce
Comino molido

PREPARACIÓN: 15 minutos
EN LA NEVERA: 2 horas

1. Rallar finos el parmesano y el appenzeller. Cortar el camembert en pequeños dados.

2. Batir el queso rallado, los dados de camembert y la mantequilla con la batidora manual hasta obtener una crema. Si es necesario añadir un poco de leche.

3. Sazonar la crema de queso con pimienta, pimentón y comino. Repartirla en raciones y antes de servirla ponerla unas dos horas en la nevera.

Valores nutricionales por ración:

230 kcal • **7 g** proteínas • **22 g** grasas • **1 g** carbohidratos

Mantequilla roja de albahaca

PARA 2-3 PERSONAS

1/4 de manojo de albahaca
60 g de mantequilla blanda
1 cda. de concentrado de tomate
1/2 escalonia
Pimienta
Pimentón dulce

PREPARACIÓN: 15 minutos
EN LA NEVERA: 2 horas

1. Lavar la albahaca y escurrirla. Separar las hojas y cortarlas gruesas.

2. Chafar la mantequilla con el tenedor. Mezclar la albahaca con el concentrado de tomate.

3. Pelar la escalonia y picarla fina. Añadir a la mantequilla de albahaca.

4. Sazonar la mantequilla con pimienta y pimentón. Repartir en raciones y antes de servir meterla en la nevera unas 2 horas.

Valores nutricionales por ración:

155 kcal • **0 g** proteínas • **17 g** grasas • **1 g** carbohidratos

Mantequilla de salmón

PARA 2-3 PERSONAS

50 g de mantequilla blanda
1-2 cucharadas de eneldo congelado
1/2 escalonia pequeña
30 g de salmón ahumado
Sal, pimienta
1 puntita de aroma de corteza de limón (sustituible por ralladura de limón)

PREPARACIÓN: 10 minutos
EN LA NEVERA: 2 horas

1. Batir enérgicamente la mantequilla con el eneldo.
2. Pelar la escalonia y picarla fina. Añadir a la crema de eneldo.
3. Desmigajar el salmón con el tenedor y añadirlo a la crema de mantequilla.

4. Sazonar la mantequilla con sal, pimienta y corteza de limón. Repartirla en raciones y antes de servir ponerla en la nevera unas 2 horas.

Valores nutricionales por ración:

155 kcal • **3 g** proteínas • **16 g** grasas • **0 g** carbohidratos

Crema de huevos y parmesano para untar

PARA 2-3 PERSONAS

2 huevos
90 g de parmesano
50 g de mantequilla blanda

PREPARACIÓN: 15 minutos
EN LA NEVERA: 2 horas

1. Hervir los huevos durante 10 minutos. Enfriarlos, pelarlos y cortarlos finos. Rallar fino el parmesano.
2. Batir enérgicamente la mantequilla. Añadir los trocitos de huevo y el queso. Repartirlo en raciones y antes de servir meterla en la nevera unas 2 horas.

EN LA DESPENSA

Esta picante crema para untar se prepara múy fácilmente. En un recipiente que cierre bien puede mantenerse fresca en la nevera hasta cinco días.

Valores nutricionales por ración:

290 kcal • **16 g** proteínas • **25 g** grasas • **0 g** carbohidratos

Desayuno de marinero

**INGREDIENTES
PARA 2 PERSONAS**

1 cucharada de esencia de vinagre
250 g de filete de pescado (por ejemplo, salmón)
1 1/2 pepinillo (en conserva)
2 patatas hervidas (del día anterior)
2 rabanitos
3 ramitas de eneldo fresco
75 g de yogur
25 g de queso fresco para untar
1 cucharadita de concentrado de tomate
1-2 cucharadas de nata líquida
1/2 cucharadita de rábano rallado (en conserva)
Pimentón dulce, sal, pimienta, azúcar de uva
Algunas hojas de lechuga

PREPARACIÓN: 35 minutos

1. Mezclar la esencia de vinagre con 4 cucharaditas de agua. Lavar el pescado en agua fría y escurrir. Aliñar con el agua de vinagre. Salar y dejar reposar 10 minutos.

2. Hacer hervir el pescado con la marinada. Apagar el fuego y dejar cocer el pescado tapado 15 minutos.

3. Escurrir los pepinillos y trocearlos pequeños. Cortar las patatas en daditos. Lavar los rabanitos, cortarlos por la mitad y cortarlos en lonchas. Lavar el eneldo, escurrirlo bien, picar finamente una ramita.

4. Mezclar el yogur con el queso fresco, el concentrado de tomate, la nata y el rábano. Sazonar con eneldo, pimentón, sal, pimienta y azúcar de uva.

5. Añadir los pepinillos, las patatas y los rabanitos a la crema de yogur. Cortar el pescado a trocitos y añadirlo, también con cuidado.

6. Lavar la lechuga, centrifugarla y repartirla en dos cuencos. Poner encima el cóctel de pescado. Adornar cada uno con una ramita de eneldo.

Valores nutricionales por ración:

230 kcal • **28 g** proteínas • **6 g** grasas • **16 g** carbohidratos

Cazo de desayuno

**INGREDIENTES
PARA 2 PERSONAS**

2 rebanadas de pan blanco
1 loncha de jamón cocido
2 huevos
60 ml de leche
60 g de nata líquida
Sal, pimienta
1 cucharada de queso rallado
(por ejemplo, emmental)
Grasa para el molde

PREPARACIÓN: 25 minutos
EN LA NEVERA: 12 horas
HORNEADO: 35 minutos

1. Cortar el pan y el jamón en daditos.

2. Mezclar los huevos, la leche y la nata. Sazonar con sal y pimienta. Añadir el queso. Seguidamente hacer lo mismo con el pan y el jamón.

3. Engrasar un molde para horno y verter la masa. Alisar la superficie. Poner el molde tapado en la nevera unas doce horas o toda una noche.

4. Precalentar el horno a 180°. Hornear (media altura, horno de aire 160°) durante unos 35 minutos.

SUGERENCIA

Este plato se prepara muy fácilmente. Como variante puede introducir trocitos de verdura, por ejemplo, brócoli, tomates o zanahorias, al batir los huevos con la leche.

Valores nutricionales por ración:

280 kcal • **13 g** proteínas • **18 g** grasas • **17 g** carbohidratos

Tostada verde con huevo

**INGREDIENTES
PARA 2 PERSONAS**

1/2 cebolla pequeña
3 cucharaditas de mantequilla
250 g de hojas de espinacas
congeladas
Sal, pimienta, nuez moscada
2 huevos
2 cucharadas de agua mineral
1 cucharada de ajo silvestre
congelado
1 cucharada de cebollino
2 cucharadas de emmental rallado
2 rebanadas de pan de trigo
integral
2 tomates de cóctel

PREPARACIÓN: 30 minutos

1. Pelar las cebollas y picarlas finamente. Calentar una cucharadita de mantequilla en un cazo y rehogar la cebolla. Añadir las espinacas y dejar descongelar a fuego lento. Remover de vez en cuando. Sazonar con sal, pimienta y nuez moscada.

2. Batir los huevos y el agua mineral con la batidora manual. Añadir el ajo silvestre, el cebollino y el queso. Sazonar con sal y pimienta.

3. Calentar en una sartén una cucharada de mantequilla. Añadir el huevo batido y cuajar a fuego lento. Remover con cuidado y seguir friendo hasta que el huevo revuelto esté dorado y consistente.

4. Tostar las rebanadas de pan. Untarlas con una cucharadita de mantequilla y cubrirlas con las espinacas. Repartir el huevo revuelto por encima.

5. Lavar los tomates y cortarlos a rodajas. Colocarlas sobre las rebanadas de pan tostado.

Valores nutricionales por ración:

245 kcal • **13 g** proteínas • **14 g** grasas • **18 g** carbohidratos

Bebida de pomelo con hielo rojo

PARA 2 VASOS

50 ml de néctar de cerezas
1/2 pomelo
100 ml de zumo de naranja
1 cucharada de azúcar de uva
150 ml de refresco de naranja *light*
(endulzado con edulcorante)

PREPARACIÓN: 10 minutos
EN LA NEVERA: 2 horas

1. Verter el néctar de cerezas en cubiteras y ponerlas en el congelador durante unas 2 horas.
2. Exprimir el pomelo. Mezclar el zumo con el de naranja y el azúcar de uva. Añadir el refresco de naranja.
3. Repartir los cubitos de hielo de cerezas en dos vasos. Cubrirlos con la mezcla de zumos y servir enseguida.

SUGERENCIA

En cuanto los cubitos de hielo estén hechos, la bebida se confecciona en un momento. Espere a saborearla en la fase de prueba.

Valores nutricionales por ración:

85 kcal • **1 g** proteínas • **< 1 g** grasas • **19 g** carbohidratos

Yogur líquido de arándanos

PARA 2 VASOS

75 g de arándanos
(frescos o congelados)
50 g de azúcar de uva
1/4 de cucharadita de edulcorante
líquido
300 g de yogur natural cremoso
100 ml de leche
2 pajitas para sorber

PREPARACIÓN: 10 minutos

1. Lavar cuidadosamente las bayas y escurrirlas bien. Dejar descongelar las frutas congeladas. Triturar bien las bayas con el azúcar de uva y el edulcorante en la batidora o con la batidora manual.
2. Mezclar el yogur con la leche y llenar dos vasos altos. Verter el puré de bayas sobre la mezcla de yogur. Poner una pajita en cada vaso y remover el puré en espiral.

SUGERENCIA

Pruebe este sabroso yogur líquido también con otros tipos de bayas.

Valores nutricionales por ración:

235 kcal • **7 g** proteínas • **7 g** grasas • **36 g** carbohidratos

Batido de leche con vainilla y semillas de trigo

PARA 2 VASOS

400 ml de leche
3 cucharadas de azúcar de uva
Una pizca de vainilla bourbon molida (puede substituirse por 2-3 gotas de aroma de vainilla)
2 cucharaditas de salvado de trigo (puede sustituirse por avellanas o almendras molidas)

PREPARACIÓN: 10 minutos

1. Mezclar el suero de leche con el azúcar de uva y la vainilla.
2. Llenar dos vasos altos con la mezcla y rociar cada uno con una cucharadita de salvado de trigo. Servir inmediatamente.

VARIANTE

¿Prefiere un chocolate caliente? Para ello calentar 400 ml de leche. Mezclar 1 cucharadita de cacao con 2 cucharadas de azúcar de uva y mover. Se puede especiar el cacao con un pellizco de canela o con una cucharadita de *mousse* de almendras.

Valores nutricionales por ración:

165 kcal • **7 g** proteínas • **1 g** grasas • **31 g** carbohidratos

Ponche de melocotón y kiwi

PARA 2 VASOS

2 melocotones maduros (pueden sustituirse por nectarinas, albaricoques o plátanos)
1 kiwi
150 ml de zumo de naranja
3 cucharaditas de zumo de limón
1 cucharadita de azúcar de uva
150 ml de agua mineral
Cubitos de hielo (si se desea)

PREPARACIÓN: 15 minutos

1. Escaldar los melocotones, pasarlos por agua para enfriarlos y pelarlos. Cortar las frutas por la mitad y quitarles el hueso. Triturar dos mitades en la batidora o con la batidora manual. Cortar las otras dos mitades en daditos.

2. Pelar los kiwis, cortarlos por la mitad y en rodajas.
3. Batir el zumo de naranja con el zumo de limón, el azúcar de uva y el puré de melocotones. Mezclar las frutas y el agua mineral.
4. Repartir, si se desea, los cubitos de hielo en dos vasos altos. Verter el ponche y servir enseguida.

Valores nutricionales por ración:

100 kcal • **2 g** proteínas • **< 1 g** grasas • **22 g** carbohidratos

Ensalada de tomates y pepinos

PARA 2 PERSONAS

2 cucharaditas de vinagre de vino
1 cucharadita de mostaza
Sal, pimienta
3 cucharaditas de aceite de oliva
1/2 pepino
150 g de tomates
1/4 de manojo de cebollino

PREPARACIÓN: 20 minutos

1. Batir el vinagre con la mostaza, la sal, la pimienta y el aceite.

2. Lavar los pepinos, pelarlos y cortarlos a lo largo. Cortar ambas mitades en lonchas finas. Lavar los tomates, retirarles el tallo. Cortarlos en octavos. Mezclar con los pepinos.

3. Lavar el cebollino, escurrirlo bien y cortarlo fino. Esparcir sobre la ensalada.

4. Verter el aliño sobre la ensalada. Mezclarlo todo con cuidado. Sazonarla bien y servirla.

SUGERENCIA

Si no se ha de consumir enseguida, retire las pepitas del pepino con una cucharita. Así la ensalada no desprenderá agua y se mantendrá con todo su sabor.

Valores nutricionales por ración:

60 kcal • **1 g** proteínas • **5 g** grasas • **3 g** carbohidratos

Ensalada de maíz con tomate y pescado

PARA 2 PERSONAS

150 g de granos de maíz
(en conserva)
75 g de atún en su jugo
(en conserva)
250 g de tomates
8-10 hojas de albahaca fresca
2 cucharaditas de aceite de oliva
1 cucharadita de concentrado de zumo de limón (puede sustituirse por zumo de limón)
Sal, pimienta

PREPARACIÓN: 10 minutos

1. Escurrir bien el maíz y el atún.

2. Lavar los tomates y retirarles los tallos. Cortarlos en dados. Mezclarlos con el maíz y el atún.

3. Lavar la albahaca, escurrirla bien y separar las hojitas. Esparcirlas sobre la ensalada.

4. Mezclar el aceite con el concentrado de zumo de limón, la sal y la pimienta. Verter el aliño sobre la ensalada y mezclar con cuidado.

SUGERENCIA

El concentrado de zumo de limón no contiene fructosa, ya que se obtiene de forma artificial. En pequeñas cantidades puede utilizarse también zumo de limón.

Valores nutricionales por ración:

320 kcal • **15 g** proteínas • **7 g** grasas • **51 g** carbohidratos

Ensalada de pasta y queso de cabra

PARA 2 PERSONAS

250 g de espinacas
Sal
1/2 pepino
1/2 manojo de cebollas tiernas
2 tomates
150 g de queso de cabra suave
100 g de yogur natural
(3,5% materia grasa)
500 g de tomate triturado
(producto preparado)
1 diente de ajo
Pimienta, cayena

PREPARACIÓN: 30 minutos
REPOSO: 30 minutos

1. Cocer la pasta *al dente* siguiendo las instrucciones del envoltorio. Escurrir y dejar enfriar.

2. Lavar los pepinos, pelarlos, cortarlos a lo largo. Retirar las pepitas. Cortar ambas mitades en dados. Lavar las cebolletas y cortarlas en anillas. Lavar los tomates y retirarles los tallos. Cortarlos a dados junto con el queso.

3. Batir el yogur con el puré de tomate. Pelar el diente de ajo y añadirlo después de prensarlo. Sazonar el aliño con sal, pimienta y cayena.

4. Juntar la pasta, las verduras y el queso. Dejar reposar la ensalada unos 30 minutos. Volver a sazonar y repartir en raciones.

UN PICA PICA

Esta saciante ensalada es perfecta para la pausa del mediodía. Está especialmente indicada al principio del cambio de alimentación. En esta fase debería evitar la comida fuera de casa, ya que no puede saber el contenido de fructosa de la misma.

Valores nutricionales por ración:

735 kcal • **35 g** proteínas • **18 g** grasas • **107 g** carbohidratos

Ensalada fresca de queso de cabra

PARA 2 PERSONAS

100 g de queso edam
50 g de jamón cocido
1 pepinillo (en conserva)
1/4 de pepino
1/2 pimiento amarillo
1/2 pimiento rojo asado (en conserva)
75 g de yogur bajo en grasa
(0,1% materia grasa)
2 cucharaditas de nata agria
1/2 cucharadita de salsa de rábano picante con nata (en conserva)
1/2 manojo de eneldo
1/4 cucharadita de azúcar de uva
1 cucharadita de concentrado de zumo de limón (puede sustituirse por zumo de limón)
Sal, pimienta

PREPARACIÓN: 30 minutos

1. Cortar el queso edam en trocitos de 1 cm. Cortar el jamón en tiras finas.

2. Escurrir el pepinillo. Pelar el pepino. Lavar y secar los pimientos. Cortarlo todo a dados junto con el pimiento asado.

3. Mezclar los dados de queso, las tiras de jamón y los dados de verdura. Añadir el yogur, la nata agria y la salsa de rábano picante.

4. Lavar el eneldo, escurrirlo y cortarlo en tiras finas con la tijera; esparcirlo sobre la ensalada.

5. Aliñar la ensalada con azúcar de uva, concentrado de zumo de limón, sal y pimienta. Dejarla macerar unos 10 minutos. Rectificar el aliño y servirla en raciones.

SUGERENCIA

Esta refrescante ensalada puede tomarse en la fase de carencia. Se prepara fácilmente y con un panecillo es un tentempié ideal para viajar.

Valores nutricionales por ración:

205 kcal • **22 g** proteínas • **10 g** grasas • **7 g** carbohidratos

Ensalada oriental de pollo

PARA 2 PERSONAS

200 g de pechuga de pollo en filetes
1/2 puerro
2 cucharaditas de aceite
1 diente de ajo pequeño
1 trozo de jengibre fresco
(de un 1 cm aproximadamente)
3 cucharaditas de mayonesa
150 g de yogur natural
(3,5% materia grasa)
3 cucharaditas de zumo de naranja
1 cucharadita de concentrado de zumo de limón (puede sustituirse por zumo de limón)
Sal, curry en polvo

PREPARACIÓN: 30 minutos

1. Enjuagar la carne en agua fría, secarla y cortarla en tiras delgadas.

2. Lavar el puerro, cortarlo a lo largo y lavarlo con cuidado. Cortarlo en tiras finas.

3. Calentar el aceite en una sartén. Freír las tiras de pollo y de puerro.

4. Pelar el ajo y añadirlo prensado. Pelar el jengibre y rallarlo fino. Añadirlo también. Seguir friendo hasta que el puerro y el pollo estén dorados. Sacar y dejar enfriar.

5. Batir el yogur con la mayonesa, el zumo de naranja y el de limón. Verter el aliño sobre la ensalada. Mezclarlo con cuidado y acabar de sazonar con bastante sal y curry.

SUGERENCIA

Al freírlo, el puerro deja de producir flatulencia.

Valores nutricionales por ración:

245 kcal • **26 g** proteínas • **13 g** grasas • **6 g** carbohidratos

Ensalada de hinojo y kiwi con nueces

PARA 2 PERSONAS

1 hinojo
8 nueces
150 g de yogur natural
(3,5 % materia grasa)
100 g de nata agria
1 cucharada de concentrado de zumo de limón (puede sustituirse por zumo de limón)
2 cucharaditas de azúcar de uva
Sal, pimienta
1 kiwi

PREPARACIÓN: 20 minutos

1. Lavar el hinojo, cortarlo por la mitad y retirarle el tallo. Cortar cada mitad en pequeños dados. Picar las nueces dejando trozos gruesos.

2. Batir el yogur con nata agria, concentrado de zumo de limón, azúcar de uva, sal y pimienta. Añadir el hinojo y las nueces.

3. Pelar el kiwi y cortarlo en dados. Añadir los dados a la ensalada. Servir inmediatamente.

SUGERENCIA

Añada el kiwi a la ensalada inmediatamente antes de servir. El kiwi acostumbra a amargar la ensalada con gran rapidez.

Valores nutricionales por ración:

210 kcal • **8 g** proteínas • **14 g** grasas • **13 g** carbohidratos

Ensalada de zanahorias
con anacardos tostados

PARA 2 PERSONAS

250 g de zanahorias
1 diente de ajo pequeño
125 g de yogur natural
(3,5% de materia grasa)
1 trozo de jengibre fresco
(de 2 cm aproximadamente)
Sal, curry en polvo
1 cucharadita de azúcar de uva
1 cucharadita de concentrado de
zumo de limón (puede sustituirse
por zumo de limón)
50 g de anacardos

PREPARACIÓN: 30 minutos

1. Lavar las zanahorias, pelarlas y rallarlas. Poner la ralladura en dos vasos.

2. Pelar el ajo y prensarlo para añadirlo al yogur. Pelar el jengibre y rallarlo fino. Añadirlo también al yogur. Mezclar bien.

3. Sazonar generosamente el yogur con sal, curry, azúcar de uva y concentrado de zumo de limón. Repartir el aliño sobre las zanahorias. No mezclar.

4. Tostar los anacardos en una sartén antiadherente sin grasa y sin dejar de remover hasta que estén dorados. Picarlos gruesos y esparcirlos sobre la ensalada.

SUGERENCIA

Si se desea, puede añadirse una pizca de cúrcuma (especia de color amarillo) en el aliño. Éste adquirirá un intenso color, y así la ensalada seducirá tanto a la vista como al paladar.
El tueste avivará el fino aroma de los anacardos. Pero atención: si el fuego es excesivo se tuestan demasiado y el sabor suave desaparece.

Valores nutricionales por ración:

225 kcal • **8 g** proteínas • **13 g** grasas • **19 g** carbohidratos

Aliño de las islas Thousand

PARA 2 PERSONAS

125 g de mayonesa para ensalada
60 g de queso fresco magro para untar
1 cucharada de nata agria
50 g de tomate triturado (producto preparado)
1 pepinillo (en conserva)
Sal, pimienta
Pimentón dulce
Azúcar de uva

PREPARACIÓN: 10 minutos

1. Batir la mayonesa con el queso fresco y la nata. Añadir el puré de tomate.

2. Escurrir el pepinillo y cortarlo en daditos pequeños. Añadirlos al aliño.

3. Sazonar con sal, pimienta, pimentón y azúcar de uva.

MULTIUSOS

Este aliño va bien con ensaladas de hojas y verduras crudas. Pero también sabe bien con verduras al vapor, ensaladas de ave y patatas.

Valores nutricionales por ración:

500 kcal • **5 g** proteínas • **51 g** grasas • **4 g** carbohidratos

Crema de yogur para ensalada

PARA 2 PERSONAS

100 g de pepino
1 cebolla pequeña (25 g)
1/2 manojo de perifollo
150 g de yogur natural
(3,5% materia grasa)
1 punta de azúcar de uva
Sal, pimienta blanca

PREPARACIÓN: 10 minutos

1. Pelar los pepinos, cortarlos a lo largo y sacarles las pepitas. Cortar las mitades en tiras largas.

2. Pelar la cebolla, lavar el perifollo y escurrirlo. Picar ambas cosas bien finas.

3. Mezclar el yogur bajo en calorías con el cremoso. Sazonar con azúcar de uva, sal y pimienta. Añadir los palitos de pepino, la cebolla y el perifollo. Dejar reposar un poco el aliño. Salpimentar de nuevo antes de servir.

DE USO MÚLTIPLE

La crema de ensalada acompaña muy bien platos confeccionados con patatas y carnes hervidas o asadas.

Valores nutricionales por ración:

50 kcal • **2 g** proteínas • **3 g** grasas • **4 g** carbohidratos

Salsa de sésamo y cacahuetes

PARA 2 PERSONAS

1 huevo
50 g de cacahuetes sin sal
2 cucharaditas de sésamo
225 g de yogur de nata
(10% materia grasa)
1 cucharadita de mostaza de Dijon
Sal, pimienta
Azúcar de uva

PREPARACIÓN: 20 minutos

1. Hervir el huevo durante 10 minutos. Enfriarlo en agua fría, pelarlo y cortarlo en daditos.

2. Tostar los cacahuetes y el sésamo en una sartén antiadherente sin grasa. Picarlos.

3. Batir el yogur con la mostaza. Añadir los dados de huevo y la mezcla de frutos secos. Sazonar la salsa con sal, pimienta y azúcar de uva.

SUGERENCIA

Esta salsa resulta especialmente adecuada para la carne a la plancha.

ATENCIÓN, TRAMPA

Las salsas y los aliños preparados para carne a la plancha contienen mucho azúcar. Sin embargo, puede sortear la trampa: hágase con un pequeño surtido de recetas para salsas, al que pueda acudir siempre que lo necesite.

Valores nutricionales por ración:

335 kcal • **14 g** proteínas • **28 g** grasas • **7 g** carbohidratos

Sopa de crema de calabaza

PARA 2-3 PERSONAS

1/2 calabaza tipo Hokaido (350 g)
1 zanahoria
175 g de patatas
500 ml de caldo de verduras
100 g de nata líquida
1 cucharadita de concentrado de zumo de limón (puede sustituirse por zumo de limón)
Sal, pimienta, curry en polvo
2 cucharaditas de pepitas de calabaza

PREPARACIÓN: 40 minutos

1. Lavar la calabaza, cortarla en cuatro partes y sacar las semillas. Cortarla en trozos de unos 2 cm.

2. Lavar las zanahorias y las patatas, pelarlas y cortarlas en dados. Llevar a ebullición la calabaza, las zanahorias y las patatas en el caldo de verdura. Hervir unos 10 minutos hasta que la piel de la calabaza esté blanda.

3. Triturar la sopa en la batidora o con la batidora manual hasta conseguir una crema. Añadir la nata y el concentrado de zumo de limón. Sazonar con sal, pimienta y curry.

4. Picar finamente las pepitas de calabaza. Repartir la sopa en platos y espolvorearlas por encima.

CON PIEL

Cocine la calabaza con piel con toda tranquilidad; ésta le dará un aroma extra. ¿Se encuentra ya en la fase de prueba? Entonces mejore la sopa con un diente de ajo y una cucharadita de jengibre fresco. Le dará un toque interesante.

Valores nutricionales por ración:

190 kcal • **4 g** proteínas • **12 g** grasas • **16 g** carbohidratos

Sopa de patatas con salmón

PARA 2 PERSONAS

1 escalonia pequeña
1/2 manojo de cebollas tiernas
175 g de patatas
1 cucharadita de margarina
300 ml de caldo de verdura
125 g de salmón ahumado
Sal, pimienta
Una pizca de concentrado de zumo de limón (puede sustituirse por zumo de limón)
50 g de nata agria

PREPARACIÓN: 35 minutos

1. 1. Pelar y picar fina la escalonia. Lavar las cebollas tiernas, escurrirlas y cortar incluido el tallo verde en anillas finas. Lavar las patatas, pelarlas y rallarlas en tiras.

2. Calentar la mantequilla en un cazo y rehogar la escalonia. Verter la ralladura de patata y freír sin dejar de mover. Añadir las cebollas tiernas.

3. Verter el caldo. Llevar a ebullición y dejar cocer a fuego lento unos 10 minutos.

4. Cortar el salmón a tiras finas. Calentar un momento en la sopa.

Sazonar la sopa con sal, pimienta y concentrado de zumo de limón. Añadir la nata y volver a calentar un momento.

SUGERENCIA

Esta sopa es una pequeña bomba de nutrientes. Está muy indicada al inicio del cambio de alimentación y relaja rápidamente un vientre «intranquilo».

Valor nutricional por ración:

330 kcal • **22 g** proteínas • **21 g** grasas • **14 g** carbohidratos

Sopa de plátanos con curry

PARA 2-3 PERSONAS

1 escalonia pequeña
1 diente de ajo pequeño
1 plátano y medio
1 cucharada rasa de margarina
2 cucharaditas de curry en polvo
1 cucharada colmada de harina
500 ml de de caldo de ave
Sal, pimienta blanca
75 g de nata agria

PREPARACIÓN: 20 minutos

1. Pelar la escalonia y el ajo y picarlos finamente. Pelar 1 plátano y chafarlo con un tenedor.

2. Calentar la margarina en una cazuela. Rehogar la escalonia y el ajo. Espolvorear el curry y dorarlo un poco sin dejar de remover. Mezclar el *mousse* de plátano. Espolvorear la harina por encima y tostar removiendo continuamente durante unos dos minutos. Verter el caldo y hacerlo hervir de nuevo.

3. Sazonar la sopa con sal, pimienta y curry. Triturarlo en la batidora o con la batidora manual hasta obtener una crema. Añadir la nata.

4. Pelar el medio plátano y chafarlo grueso. Añadir a la sopa. Volver a calentar un poco.

SUGERENCIA

¿Prefiere preparar la receta sin ajo? Utilice entonces 2-3 cucharadas de ajo silvestre. Puede encontrarlo congelado en cualquier establecimiento especializado.

Valores nutricionales por ración:

195 kcal • **13 g** proteínas • **9 g** grasas • **15 g** carbohidratos

Sopa roja de verduras

PARA 2 PERSONAS

1/2 pimiento (75 g)
25 g apio
1 cucharada de aceite
200 g de trozos de tomate
(producto envasado)
1 cucharada de concentrado
de tomate
250 ml de caldo de verduras
1 diente pequeño de ajo
1 cucharadita de vinagre
balsámico
1 cucharadita de azúcar de uva
5 cucharadas de nata líquida
Sal, pimienta
1/2 manojo de albahaca

PREPARACIÓN: 20 minutos

1. Lavar y secar el pimiento. Pelar el apio. Cortarlo todo a daditos.

2. Calentar el aceite en una cazuela. Rehogar los dados de verdura sin dejar de remover durante 5 minutos. Añadir los trozos de tomate, el concentrado de tomate y el caldo. Llevar a ebullición.

3. Pelar el ajo y prensarlo. Añadirlo junto con el vinagre, el azúcar de uva y la nata. Sazonar la sopa con sal y pimienta.

4. Lavar la albahaca, escurrirla bien y cortar las hojitas bien finas. Servir la sopa en platos y espolvorear con la albahaca.

Valor nutricional por ración:

175 kcal • **3 g** proteínas • **14 g** grasas • **9 g** carbohidratos

Tortitas con jamón
y olivas

PARA 2-3 PERSONAS
PARA LA MASA:

200 g de harina
150 ml de leche
2 huevos
1 cucharadita de sal
Aceite para freír

PARA EL RELLENO DE JAMÓN:

1/2 pimiento (75 g)
100 g de jamón cocido
150 g de queso freso a las hierbas
2-3 cucharadas de leche
(si es necesario)
Sal, pimienta, pimentón

PARA EL RELLENO DE OLIVAS:

550 g de olivas verdes
(en conserva)
50 g de tomates secos en aceite
(en conserva)
150 g de queso fresco
1 diente pequeño de ajo

PREPARACIÓN: 60 minutos

1. Para la masa, mezclar la harina con un poco de leche. Ir añadiendo poco a poco el resto de la leche así como 200 ml de agua hasta conseguir una pasta lisa. Añadir los huevos y la sal.

2. Calentar una sartén antiadherente con un poco de aceite. Verter una cucharada de masa y extenderla bien por la sartén. Freír la tortita a fuego medio 1-2 minutos, darle la vuelta y freír un poco más. Dejar enfriar la tortita en un plato. Hacer de esta manera 5 tortitas finas más.

3. Para el relleno de jamón lavar el pimiento y secarlo. Cortarlo junto con el jamón en trocitos pequeños. Mezclar los daditos con el queso fresco. Si es necesario añadir un poco de leche. Sazonar con sal, pimienta y pimentón.

4. Para el relleno de olivas dejar escurrir las olivas y los tomates y secar con papel de cocina. Trocearlo todo bien pequeño. Mezclar con el queso fresco. Pelar el ajo, prensarlo y añadirlo.

5. Untar 3 tortitas con relleno de jamón y 3 con relleno de olivas y enrollarlas. Cortar los rollitos por la mitad y servirlos fríos.

SUGERENCIA

Haga el relleno a su gusto. Las tortitas también saben muy bien con crema praliné de avellanas (ver página 32). A los niños les encantan estas tortitas, especialmente si pueden comerlas con las manos.

VARIANTE

Para hacer tortitas de atún abrir y dejar escurrir una lata de atún en su jugo (195 g de peso neto). Pelar y picar finamente una cebolla pequeña. Mezclar con el pescado 3 cucharadas de mayonesa y una cucharada de concentrado de zumo de limón. Sazonar generosamente con sal y pimienta. Rellenar según lo descrito.

Valores nutricionales por ración:

720 kcal • **28 g** proteínas • **40 g** grasas • **62 g** carbohidratos

Crujientes sabrosos

PARA 20 UNIDADES

1 diente de ajo
170 g de queso gouda
250 g de harina de trigo (tipo 1050)
175 g de margarina
Sal, pimienta blanca
100 g de jamón curado
100 g de olivas
5 cucharadas de nata líquida
(puede sustituirse por leche sin
azúcar)
50 g de sésamo pelado
Papel para hornear
Harina para trabajar

PREPARACIÓN: 15 minutos
HORNEADO: 25 minutos

1. Pelar el ajo. Picarlo finamente junto con el queso. Amasar la harina con la margarina hasta obtener una masa lisa. Añadir el queso, el ajo, la sal y la pimienta.

2. Precalentar el horno a 200°. Cubrir una plata de horno con el papel para hornear. Cortar el jamón a daditos.

3. Sobre una superficie enharinada formar un rollo con la masa (de unos 3 cm de diámetro). Cortarlo en unas 20 rodajas. Hacer un hueco en cada rodaja y rellenarlo con los daditos de jamón y las olivas. Cerrar dando forma de bola.

4. Mojar las bolas en nata y rebozar de sésamo, disponiéndolas sobre la plata de horno. Cocerlas durante unos 25 minutos (media altura, horno de aire 180°) hasta que estén doradas.

SUGERENCIA

Estas crujientes bolitas constituyen un tentempié muy sabroso. Durante la fase de carencia controlará con ellas el hambre entre horas. Puede variar el relleno utilizando pechuga de pavo, jamón cocido o pimiento picante.

Valores nutricionales por ración:

185 kcal • **5 g** proteínas • **14 g** grasas • **9 g** carbohidratos

Aliño de tomate

PARA 2 PERSONAS

150 g de queso fresco para untar
100 g de queso fresco
1 cucharada de concentrado de
tomate
2-3 cucharadas de leche
1 tomate pequeño
1/2 cebolla pequeña
1/2 manojo de cebollino
Sal, pimienta

PREPARACIÓN: 15 minutos

1. Batir el queso fresco para untar con el concentrado de tomate, la leche y el queso.

2. Lavar el tomate y retirar el tallo. Cortarlo en dados. Pelar y picar finamente la cebolla. Añadirlo al queso.

3. Lavar el cebollino, escurrirlo bien y cortarlo en aros finos. Mezclarlo con el concentrado de tomate. Sazonar con sal y pimienta.

SUGERENCIA

Sirva este aliño para acompañar los crujientes. También sabe muy bien con carne, pescado y patatas o untado sobre pan.

Valor nutricional por ración:

245 kcal • **14 g** proteínas • **18 g** grasas • **5 g** carbohidratos

Carpaccio de verduras y queso Appenzeller

PARA 2 PERSONAS

1 cucharadita de concentrado de zumo de limón (puede sustituirse por zumo de limón)

1/4 de cucharadita de esencia de vinagre

4 cucharaditas de aceite de pepita de uva

1 cucharadita de eneldo picado

Sal, pimienta blanca

Azúcar de uva

100 g de queso appenzeller en lonchas finas (puede sustituirse por queso alpino o emmental)

3 rabanitos

1 pimiento amarillo

1 calabacín

PREPARACIÓN: 25 minutos

REPOSO: 30 minutos

1. Batir el concentrado de zumo de limón con la esencia de vinagre, 2-3 cucharaditas de agua y el aceite. Añadir el eneldo. Sazonar la marinada con sal, pimienta y azúcar de uva.

2. Cortar el queso en rombos de unos dos centímetros. Cubrirlos con la marinada.

3. Lavar los rabanitos, secarlos y cortarlos en rodajas finas. Lavar los pimientos, partirlos por la mitad, secarlos y cortarlos en rombos de unos 2 cm. Lavar el calabacín, secarlo, abrirlo por la mitad longitudinalmente y cortarlo en lonchas delgadas.

4. Añadir cuidadosamente la verdura al queso. Dejar reposar unos 30 minutos. Repartir el carpaccio en dos platos.

Valores nutricionales por ración:

285 kcal • **17 g** proteínas • **21 g** grasas • **6 g** carbohidratos

Crema de yogur y aguacate

PARA 2 PERSONAS

1 limón
250 g de yogur natural
1 cucharadita de azúcar de uva
1 aguacate maduro
Sal, pimienta

PREPARACIÓN: 15 minutos

1. Exprimir el limón. Batir el zumo con el yogur y el azúcar de uva.

2. Abrir el aguacate a lo largo y sacar el hueso. Separar la pulpa con una cuchara. Chafarla bien con un tenedor.

3. Añadir enseguida el puré de aguacate al yogur. Sazonar la crema de aguacate generosamente con sal y pimienta.

SUGERENCIA

Gracias a su elevado contenido de grasa la crema de aguacate es muy bien tolerada en la fase de carencia. La pulpa de aguacate se vuelve oscura muy rápidamente en contacto con el aire. Haga primero la crema de yogur y prepare después el puré de aguacate para añadírselo. Si lo mezcla enseguida la crema mantendrá su color claro.

Valores nutricionales por ración:

370 kcal • **7 g** proteínas • **34 g** grasas • **10 g** carbohidratos

Aliño de naranjas y curry

PARA 2 PERSONAS

125 g de queso fresco para untar
125 g de yogur natural
50 ml de zumo de naranja
1/2 cucharadita de miel
1 diente pequeño de ajo
Sal, curry en polvo

PREPARACIÓN: 15 minutos

1. Batir el queso fresco con el yogur, el zumo de naranja y la miel.

2. Pelar el ajo y prensarlo. Añadirlo a la crema de queso. Sazonar generosamente con sal y curry.

SUGERENCIA

El aliño de naranjas y curry acompaña muy bien platos de ave o de arroz. También puede servir para acompañar una zanahoria entre horas. Durante la fase de carencia substituya la miel por azúcar de uva.

Valores nutricionales por ración:

125 kcal • **10 g** proteínas • **5 g** grasas • **9 g** carbohidratos

Muffins de patata y jamón

PARA 12 UNIDADES

200 g de patatas
Sal
200 g de harina
2 cucharaditas de levadura química
100 g de mantequilla
1 cebolla
100 g de jamón cocido
1 huevo
Pimienta, nuez moscada
150 ml de leche
12 moldes de papel para horno

PREPARACIÓN: 20 minutos
HORNEADO: 20 minutos

1. Lavar las patatas, pelarlas y cocerlas en agua salada durante 15-20 minutos. Escurrirlas, dejar enfriar ligeramente y rallarlas gruesas.

2. Precalentar el horno a 200°. Poner los moldes de papel en los huecos de la bandeja para hornear muffins. Mezclar la harina y la levadura química.

3. Derretir la mantequilla y añadirla a la harina. Pelar y picar finamente la cebolla. Cortar el jamón en pequeños daditos. Añadir a la mezcla de harina la cebolla, el jamón, las patatas y el huevo. Sazonar con sal, pimienta y nuez moscada.

4. Verter la leche en la mezcla de harina con la ayuda de una cuchara de madera hasta obtener una masa pegajosa. Rellenar los moldes con la masa. Hornear (media altura, horno de aire 180°) durante unos 20 minutos.

5. Dejar reposar los muffins durante unos 5 minutos. Sacarlos y dejarlos enfriar sobre una rejilla.

SUGERENCIA

¿No tiene bandeja para hornear muffins? No importa. Junte 2 ó 3 moldes de papel uno al lado del otro.

Valores nutricionales por ración:

155 kcal • **5 g** proteínas • **8 g** grasas • **15 g** carbohidratos

Gofres de verdura

PARA 2 PERSONAS

100 g de patatas
250 g de zanahorias
1 calabacín pequeño
1 cebolla pequeña
2 huevos
2 cucharadas de harina de trigo integral (unos 50 g)
1 cucharada de fécula
Sal, pimientar
1/2 cucharadita de jengibre molido
Grasa para el molde de gofres eléctrico

PREPARACIÓN: 45 minutos

1. Lavar y pelar las patatas. Lavar las zanahorias y pelarlas finas. Lavar y secar el calabacín. Rallarlo todo en tiras finas.

2. Pelar y picar finamente la cebolla. Mezclar con la verdura.

3. Añadir los huevos, la harina y la fécula a la mezcla de verduras con la batidora manual. Sazonar la masa generosamente con sal, pimienta y jengibre. Dejar reposar unos 25 minutos.

4. Precalentar el molde de gofres eléctrico a una temperatura entre suave y moderada. Engrasar la superficie ligeramente. Verter 3 cucharadas de masa en el centro de la superficie inferior. Extender un poco y cerrar la máquina. Cocer los gofres uno a uno hasta que queden dorados y crujientes. Colocarlos sobre una rejilla. Seguir haciendo hasta acabar la masa.

SUGERENCIA

Los gofres saben bien tanto fríos como calientes. Pueden acompañarse de una crema de yogur para ensalada (ver página 49). Trabaje con el molde eléctrico a baja temperatura aunque esto alargue el tiempo de cocción. Los gofres serán más digestibles.

Valor nutricional por ración:

245 kcal • **12 g** proteínas • **6 g** grasas • **36 g** carbohidratos

Tarta de brócoli

PARA 12 PORCIONES
(1 MOLDE, 26 cm Ø)
150 g de brócoli congelado
100 g de mantequilla blanda
200 g de harina
4 cucharadas de leche
Sal
200 g de tomates de cóctel
250 g de nata agria
200 g de queso fresco
3 huevos
Pimienta blanca
Grasa para el molde
Harina para trabajar
PREPARACIÓN: 20 minutos
HORNEADO: 55 minutos

1. Precalentar el horno a 200°. Engrasar el molde. Descongelar el brócoli.

2. Batir la mantequilla. Amasar con la harina, la leche y sal hasta obtener una masa suave.

3. Extender la masa, fina, sobre una superficie enharinada y colocarla en el molde. Formar un borde de unos 2 cm. Pinchar la masa con un tenedor varias veces. Hornear durante 15 minutos (media altura, horno de aire 180°).

4. Cortar el brócoli en rosetones. Repartir sobre el fondo. Lavar los tomates, partirlos por la mitad y ponerlos entre el brócoli.

5. Batir la nata con el queso fresco y los huevos. Sazonar con sal y pimienta y verterlo sobre la verdura. Hornear la tarta durante 30-40 minutos (media altura, horno de aire 180°) hasta que la crema de huevo esté dorada y consistente.

SUGERENCIA

Esta tarta tiene una apariencia fantástica y sabe maravillosamente. Puede prepararla también con otras verduras. Gracias a la pastaflora y a la crema de huevo puede tomarse incluso en la fase de carencia. Se prepara muy fácilmente y sabe bien tanto fría como caliente.

Valor nutricional por ración:

245 kcal • **6 g** proteínas • **18 g** grasas • **14 g** carbohidratos

Espinacas con crema de Gorgonzola

PARA 2 PERSONAS

1 escalonia
1 cucharada de aceite
375 g de hojas de espinacas congeladas
Sal, pimienta blanca, nuez moscada
70 g de queso gorgonzola
5 cucharadas de nata líquida
2-3 cucharadas de vino blanco

PREPARACIÓN: 10 minutos

1. Pelar y picar finamente la escalonia.

2. Calentar el aceite en una olla y descongelar las espinacas sin dejar de remover. Añadir la escalonia picada. Cocinar la verdura unos 10 minutos hasta que se evapore el líquido. Sazonar con sal, pimienta y nuez moscada.

3. Cortar el gorgonzola en daditos. Calentar la nata con el vino. Añadir el queso y dejar que se funda. Sazonar la salsa con pimienta.

4. Servir las espinacas acompañadas de la crema de gorgonzola.

SUGERENCIA

Este plato de verdura está listo en un momento. Acompáñelo con un par de rebanadas de pan blanco bien tierno.

Algo que también le va muy bien: tallarines finos. Durante la fase de carencia puede substituir el vino por caldo de verdura. Y en lugar de gorgonzola también puede usarse queso de cabra. (Mínimo 60% de materia grasa).

Valor nutricional por ración:

290 kcal • **12 g** proteínas • **24 g** grasas • **5 g** carbohidratos

Gratinado ligero de patatas

PARA 2 PERSONAS

500 g de patatas
2 huevos
Sal, pimienta
Pimentón dulce
Nuez moscada
100 g de nata líquida
50 g de mantequilla
40 g de queso emmental rallado
1-2 cucharaditas de migas de pan
Grasa para el molde

PREPARACIÓN: 25 minutos
HORNEADO: 35 minutos

1. Lavar las patatas, pelarlas y cocerlas tapadas en agua. Escurrirlas. Precalentar el horno a 200°. Engrasar un molde de horno.

2. Romper los huevos y separar las yemas de las claras. Batir las claras a punto de nieve. Batir las yemas. Sazonarlas generosamente con sal, pimienta, pimentón y nuez moscada.

3. Trocear las patatas con la batidora manual. Añadir la nata, la mantequilla y el queso. Confeccionar un puré cremoso. Mezclar la yema batida. Hacer lo mismo, cuidadosamente, con la clara montada.

4. Repartir la masa de patata regularmente por el molde. Esparcir una fina capa de migas de pan y la mantequilla restante en forma de bolitas por encima. Hornear unos 35 minutos (media altura, horno de aire 180°).

ACOMPAÑAMIENTO

Si se desea, el gratinado puede servirse acompañado de una ensalada verde.

Valor nutricional por ración:

665 kcal • **18 g** proteínas • **48 g** grasas • **39 g** carbohidratos

Lasaña de espinacas

PARA 2 PERSONAS

1 filete de pechuga de pollo
1 cebolla
1 diente pequeño de ajo
1 cucharada de aceite
500 g de espinacas congeladas
100 g de queso fresco a las finas
hierbas extra graso
75 ml de leche
Sal, pimienta, nuez moscada
1 cucharadita rasa de caldo de
verdura granulado
4 placas de pasta para lasaña
50 g de queso rallado

PREPARACIÓN: 30 minutos
COCCIÓN: 35 minutos

1. Enjuagar la carne en agua fría, secarla y cortarla en rodajas finas.

Pelar el ajo y la cebolla y picarlos finos.

2. Calentar el aceite. Rehogar la cebolla y el ajo. Añadir la carne y freírla. Poner las espinacas. Cocinar durante unos 15 minutos hasta que las espinacas estén descongeladas. Añadir el queso fresco y la leche. Sazonar generosamente con sal, pimienta, nuez moscada y el caldo granulado.

3. Precalentar el horno a 220°. Poner un tercio de las espinacas en un molde para horno. Cubrirlas con dos de las placas de pasta. Extender el segundo tercio de espinacas y cubrir de nuevo con las dos últimas placas de pasta. Extender el último tercio de espinacas por encima.

4. Espolvorear la lasaña con el queso rallado y hornear durante unos 35 minutos (media altura, horno de aire 200°).

SUGERENCIA

También sabe muy bien si en lugar de pollo se utiliza queso de cabra. Hay que mezclarlo con la verdura. Procure que la lasaña acabe en espinacas. Así remojarán bien la pasta.

Valor nutricional por ración:

565 kcal • **40 g** proteínas • **27 g** grasas • **40 g** carbohidratos

Tallarines con cantarelas y piñones

PARA 2 PERSONAS

200 g de tallarines
Sal
1 cucharadita de boletos
desecados
200 g de cantarelas frescas
1 escalonia
1 cucharada de aceite
75 g de nata
Pimienta, mejorana desecada
25 g de piñones

PREPARACIÓN: 30 minutos

1. Cocer la pasta *al dente* en agua con sal, siguiendo las instrucciones del envoltorio.

2. Enjuagar los boletos en agua fría. Rociarlos con 100 ml de agua muy caliente y dejarlos en remojo durante 10 minutos. Cepillar en seco las cantarelas y limpiarlas. Pelar la escalonia y picarla fina.

3. Calentar el aceite y freír la escalonia. Verter las cantarelas y freírlas conjuntamente. Escurrir los boletos y picarlos finos. Reservar el agua. Añadirlos a las cantarelas y cocinarlos juntos durante 5 minutos.

4. Añadir la nata y 2-3 cucharadas del agua de las setas a la verdura. Sazonar con sal, pimienta y mejorana. Tostar los piñones a fuego medio en una sartén antiadherente sin grasa.

5. Escurrir la pasta y repartirla en platas. Cubrirla con el combinado de setas. Espolvorear con los piñones.

VARIANTE

Fuera de la temporada de cantarelas puede preparar el plato con 200 g de champiñones. Las setas de recolección propia saben especialmente bien.

Valor nutricional por ración:

600 kcal • **17 g** proteínas • **23 g** grasas • **80 g** carbohidratos

Tortillas
mejicanas

PARA 2 PERSONAS
PARA LA MASA
75 g de harina de maíz
1 cucharada colmada de harina
(25 g)
Sal
250 ml de leche
2 huevos
1 cucharadita de mantequilla
Aceite para freír

PARA EL RELLENO
125 g de alubias (en conserva)
2 tomates pequeños
1 cebolla pequeña
1 diente pequeño de ajo
1 cucharadita de aceite
150 g de carne picada
3 cucharaditas de concentrado
de tomate
Sal, cayena

PREPARACIÓN: 45 minutos

1. Para preparar la masa mezclar la harina de maíz, la harina y la sal. Añadir lentamente la leche con la ayuda de unas varillas de batir hasta obtener una masa líquida. Batir enérgicamente los huevos. Derretir la mantequilla y añadirla a la masa.

2. Calentar un poco de aceite en una sartén antiadherente (24 cm de diámetro). Verter una cucharada de masa y extenderla en la sartén. Freír la tortilla a fuego medio 1-2 minutos. Darle la vuelta y hacer lo mismo por el otro lado. Extender la tortilla plana sobre un plato. Confeccionar de esta manera 3 tortillas finas más.

3. Para el relleno, escurrir las alubias. Lavar los tomates y separar los tallos. Cortarlos en pequeños dados. Pelar y picar la cebolla y el ajo.

4. Calentar el aceite y freír los dados de cebolla y ajo. Añadir la carne picada y dorarla por ambos lados. Añadir las alubias, los tomates y el concentrado de tomate. Dejar cocer unos 5 minutos. Sazonar la salsa con sal y cayena picante.

5. Extender sobre cada tortilla una cucharada de salsa de carne y enrollar. Servir inmediatamente.

ACOMPAÑAR

La crema de yogur y aguacate es ideal para acompañar las tortillas (ver página 59).

Valor nutricional por ración:

820 kcal • **45 g** proteínas • **35 g** grasas • **81 g** carbohidratos

«Risi e bisi» (arroz con guisantes)

PARA 2 PERSONAS

1 cebolla pequeña
2 cucharadas de aceite
250 g de arroz largo (precocido)
125 g de guisantes (frescos o congelados)
1 cucharadita de sal

PREPARACIÓN: 30 minutos

1. Pelar y picar la cebolla

2. Calentar el aceite en una cazuela. Rehogar la cebolla y el arroz.

3. Verter 500 ml de agua. Añadir los guisantes y la sal y hacer hervir. Apagar el fuego y dejar remojar el arroz tapado durante unos 25 minutos, hasta que absorba el agua.

SUGERENCIA

Esta receta es de fácil preparación y es suficiente para dos personas como plato principal o para cuatro como acompañamiento. A los niños les encanta este colorido plato de arroz.

Valor nutricional por ración:

570 kcal • **12 g** proteínas • **11 g** grasas • **106 g** carbohidratos

Cazuela multicolor de arroz con anacardos

PARA 2 PERSONAS

100 g de arroz basmati
Sal
150 g de zanahorias
150 g de calabacín
3 cucharaditas de aceite
75 g de anacardos
Pimienta, curry en polvo

PREPARACIÓN: 30 minutos

1. Echar el arroz en 250 ml de agua hirviendo con sal y taparlo, dejando que cueza durante unos 15 minutos.

2. Lavar las zanahorias y pelarlas. Lavar y secar los calabacines. Cortar ambas cosas en tiras cortitas. Calentar el aceite en una sartén o wok y freír las zanahorias a fuego medio durante 5 minutos. Añadir los calabacines. Freír las verduras 5 minutos más.

3. Poner los anacardos en una sartén antiadherente sin grasa a fuego suave y tostarlos sin dejar de remover.

4. Añadir el arroz y los anacardos a la verdura. Sazonar generosamente con sal, pimienta y curry.

SUGERENCIA

¿Prefiere pimientos y champiñones? No hay problema. Prepare el plato con su verdura preferida. Si se quiere, puede servirse acompañado de un aliño de naranjas y curry. (Ver página 59).

Valor nutricional por ración:

480 kcal • **11 g** proteínas • **24 g** grasas • **55 g** carbohidratos

Salmón a las finas hierbas al horno

PARA 2 PERSONAS

2 filetes de salmón (de 200 g)
1/2 limón
2 cebollas tiernas pequeñas
1/2 manojo de hierbas variadas
(frescas o congeladas)
Sal, curry en polvo
1 clara de huevo
Papel para hornear

PREPARACIÓN: 15 minutos
MACERACIÓN: 2 horas
COCCIÓN: 15 minutos

1. Lavar el pescado en agua fría, secarlo con papel de cocina y cortarlo en dados grandes. Exprimir el limón. Rociar el pescado con el zumo.

2. Lavar y secar las cebollas tiernas y picarlas, incluyendo el tallo verde. Lavar las hierbas, escurrirlas bien y picarlas finas. Mezclar ambas cosas con el pescado. Sazonar con sal y curry. Dejar marinar en el refrigerador, tapado de 1 a 2 horas.

3. Precalentar el horno a 220°. Cubrir una plata de horno con papel para hornear. Montar la clara de huevo. Pasar los trozos de pescado por la clara montada y colocarlos sobre la plata del horno.

4. Hornear (media altura, horno de aire 200°) durante unos 15 minutos. Acompañar de patatas al horno o de *baguette*.

SUGERENCIA

El salmón es rico en grasas sanas de gran valor nutritivo. Sus ácidos grasos Omega-3 previenen enfermedades circulatorias y cardíacas así como inflamaciones. Estas bondades también pueden encontrarse en el arenque; el atún y la caballa son igualmente sanos.

Valor nutricional por ración:

425 kcal • **42 g** proteínas • **27 g** grasas • **2 g** carbohidratos

Salmón con verduras a la mostaza

PARA 2 PERSONAS

2 filetes de salmón (de 150 g)
1/2 limón
1/2 puerro
1 zanahoria (100 g)
75 g de apio
1 cucharada de aceite
50 ml de caldo de verdura
Sal, pimienta
100 g de nata agria
1 cucharadita de mostaza
semipicante

PREPARACIÓN: 35 minutos

1. Lavar el pescado en agua fría y secarlo con papel de cocina. Exprimir el limón. Rociar el pescado con el zumo.

2. Limpiar el puerro, cortarlo a lo largo y enjuagarlo. Cortarlo en anillas finas. Lavar las zanahorias y el apio, pelarlos y cortarlos en bastoncitos delgados.

3. Calentar el aceite en una cazuela ancha. Rehogar la verdura unos 2 minutos. Verter el caldo y hacer hervir.

4. Salpimentar el pescado y ponerlo sobre la verdura. Cocinarlo tapado a fuego moderado unos 10 minutos. Retirar el pescado con cuidado.

5. Mezclar la nata y la mostaza con la verdura. Sazonar con sal y pimienta. Servir la verdura con el salmón. Puede acompañarse de pan blanco o arroz.

LIMÓN Y PESCADO

Para macerar el pescado sólo debe emplearse limón natural. Los concentrados artificiales no actúan sobre la carne blanca del pescado. Además, en la fase de carencia pueden utilizarse ambos productos, ya que el zumo de limón no llega a ingerirse.

Valor nutricional por ración:

320 kcal • **31 g** proteínas • **19 g** grasas • **7 g** carbohidratos

Gallina con tomates
a la italiana

PARA 4 PERSONAS

150 g de escalonias
3 dientes de ajo
1 pularda (de 1,5 kg)
Sal, pimienta negra
4 cucharadas de aceite
3 ramitas de romero
4 hojas de laurel
3 latas pequeñas de tomates pelados (de 480 g de peso neto)
80 g de olivas negras

PREPARACIÓN: 40 minutos
COCCIÓN: 40 minutos

1. Precalentar el horno a 220º. Pelar la cebolla y el ajo. Partir las cebollas por la mitad. Picar el ajo.

2. Lavar y secar la pularda. Separar los muslos. Cortar el resto a lo largo con tijeras especiales. Salpimentar las partes por ambos lados.

3. Calentar el aceite en un asador y poner la pularda a cuartos, friéndola bastante por ambos lados. Tirar la cebolla y el ajo. Lavar y escurrir el romero. Añadirlo junto al laurel y los tomates. Llevarlo todo a ebullición. Salpimentar. Repartir las olivas sobre la gallina.

4. Tapar y hornear la gallina (media altura, horno de aire 230º) unos 30 minutos. Reducir la temperatura a 200º (horno de aire 180º). Quitar la tapa y dejar la gallina en el horno durante unos 10 minutos hasta que la carne adquiera una costra dorada. Servir enseguida.

SUGERENCIA

Sirva pan de chapata italiana como acompañamiento de este plato. Estará riquísima mojada en la salsa. Si tiene poco tiempo prepare el plato con 4 pechugas de pollo. Éstas sólo necesitarán estar 22 minutos en el horno a 200º (media altura, horno de aire 180º).

Valor nutricional por ración:

770 kcal • **58 g** proteínas • **54 g** grasas • **13 g** carbohidratos

Pechuga de pollo al horno
con patatas a las hierbas

PARA 2 PERSONAS

500 g de patatas
1 ramita de tomillo
1 ramita de romero
2 cucharadas de aceite
1 diente de ajo
2 pechugas de pollo
Sal, pimienta
1 cucharada de kétchup
1 cucharadita de miel
3 cucharaditas de salsa de soja
125 ml de caldo de verdura
400 g de tomates
1 cebolla

PREPARACIÓN: 20 minutos
COCCIÓN: 55 minutos

1. Lavar y cepillar bien las patatas. Las que tengan la piel más dura mejor pelarlas. Trocearlas grandes. Repartirlas en un molde para horno. Precalentar el horno a 200°.

2. Lavar y escurrir el romero y el tomillo. Picar las hojitas. Mezclar con el aceite. Pelar y prensar el ajo. Añadirlo a las hierbas. Rociar el aceite de hierbas sobre las patatas.

3. Enjuagar la carne con agua fría, secarla y salpimentarla. Repartirla entre las patatas. Mezclar el kétchup, la miel y la salsa de soja. Hacerlos hervir un momento. Pintar los filetes abundantemente con la marinada.

4. Verter el caldo. Hornear (media altura, horno de aire 180°) durante 40 minutos. Durante ese tiempo darle la vuelta a las patatas una vez.

5. Lavar los tomates y retirarles el tallo. Cuartearlos o partirlos por la mitad, según el tamaño. Pelar la cebolla y cortarla en aros. Repartir ambas cosas entre las patatas. Hornear el plato otros 15 minutos más.

6. Servir el pescado acompañado de las patatas y los tomates.

SUGERENCIA

Tenga cuidado también cuando compre kétchup. Vigile que contenga glucosa o jarabe de glucosa, en lugar de fructosa o jarabe de fructosa. Justamente en el kétchup para niños es donde puede encontrarse mayoritariamente fructosa. La publicidad de estos productos indica «sin azúcar granulado».

Valor nutricional por ración:

555 kcal • **64 g** proteínas • **13 g** grasas • **46 g** carbohidratos

Pincho de carne y verduras

PARA 2 PERSONAS

250 g de filete de pavo
2 cucharadas de aceite
3 cucharadas de salsa de soja
2 cucharadas de kétchup
1 cucharadita de mostaza
Sal, pimienta
100 g de champiñones pequeños
1 calabacín pequeño
1/2 pimiento amarillo
100 g de tomates para cóctel
4-6 pinchos de madera
Papel para hornear

PREPARACIÓN: 40 minutos
COCCIÓN: 12 minutos

1. Enjuagar la carne en agua fría, secar con papel de cocina y cortarla en tacos grandes.

2. Batir el aceite con la salsa de soja, el kétchup, la mostaza, la sal y la pimienta. Verter la marinada sobre los tacos de carne.

3. Cepillar en seco las setas y limpiarlas. Lavar el pimiento y el calabacín, secar y cortar en trozos. Lavar y cortar los tomates en dos.

4. Precalentar el gratinador del horno a 180°. Poner el papel para hornear sobre la plata de horno. Clavar alternando los tacos de carne, las setas, los trozos de verduras y las mitades de tomate en los pinchos de madera. Pintar las verduras con el resto de marinada.

5. Poner los pinchos sobre la plata de horno (media altura, horno de aire 160°) y gratinarlos de 5 a 6 minutos. Darles la vuelta y dejarlos 5-6 minutos más. Servirlos acompañados de tallarines o pan de chapata.

SUGERENCIA

A los niños les encanta montar los pinchos. ¡Déjeles ayudar! Así cada uno podrá prepararse su propio pincho.

Valor nutricional por ración:

285 kcal • **34 g** proteínas • **12 g** grasas • **11 g** carbohidratos

Gulasch verde de jengibre y pavo

PARA 2 PERSONAS

375 g de filetes de pavo
1 cucharadita de aceite de sésamo
150 g de cebollas tiernas
125 ml de caldo de verdura
1 trozo de jengibre fresco
(unos 2 cm)
Pimienta
1 cucharada de salsa de soja
1/4 de manojo de perejil

PREPARACIÓN: 35 minutos

1. Enjuagar la carne en agua fría, secarla con papel de cocina y cortarla en tacos.

2. Calentar bien el aceite en una cazuela. Freír los tacos de carne por ambos lados.

3. Lavar y secar las cebollas tiernas y cortarlas en aros delgados. Añadirlas a la carne y freírlas durante unos 3 minutos. Incorporar el caldo. Dejar cocer el gulasch, tapado, unos 20 minutos.

4. Pelar el jengibre y rallarlo sobre la carne. Sazonar el gulasch con pimienta y salsa de soja.

5. Lavar y escurrir el perejil y picarlo finamente. Servir el gulasch y espolvorearlo con el perejil. Puede acompañarse de arroz basmati.

Valor nutricional por ración:

240 kcal • **47 g** proteínas • **4 g** grasas • **4 g** carbohidratos

Asado multicolor
de carne picada

PARA 16 RACIONES
(1 molde, 30 cm)

3 pepinillos en vinagre
2 pimientos asados verdes (unos 70 g, en conserva)
4 tomates desecados en aceite (unos 100 g, en conserva)
1 Kg de mezcla de carne picada
2 huevos
3 cucharadas de copos de avena
20 olivas negras sin hueso
2 cucharaditas de mostaza de Dijon
Sal, pimienta

PREPARACIÓN: 10 minutos
COCCIÓN: 40 minutos

1. Escurrir bien los pepinillos en vinagre, los pimientos y los tomates.

2. Mezclar la carne picada con los huevos y los copos de avena. Precalentar el horno a 180º.

3. Cortar en daditos los pepinillos en vinagre, los pimientos y los tomates. Cortar las olivas en rodajitas finas. Mezclarlo todo con la carne picada. Añadir la mostaza. Salpimentar generosamente.

4. Repartir la masa de carne picada en el molde. Hornear (media altura, horno de aire 160º) durante 40 minutos.

5. Cortar el asado, aún caliente, en rodajas y servirlo en el molde. Acompañarlo con pan blanco.

TRUCO PARA FIESTAS

¿Tiene invitados? Haga el asado de carne picada en un molde redondo. Cuando esté tibio desmoldarlo y añadirlo al buffet, frío o caliente.

VARIANTE

Los amantes del queso pueden mezclar 75 g de queso de cabra en daditos a la masa de carne picada.

Valor nutricional por ración:

200 kcal • **15 g** proteínas • **14 g** grasas • **4 g** carbohidratos

Filete de cerdo
sobre lecho de verduras

PARA 2 PERSONAS

250 g de zanahorias
1/4 de apio
200 g de calabacín
200 g de brócoli congelado
1 cebolla
250 g de filete de cerdo
Sal, pimienta blanca
1 cucharada de margarina
250 ml de caldo de verdura
1 cucharada de mostaza
1 cucharadita de hierbas
aromáticas

PREPARACIÓN: 35 minutos
COCCIÓN: 25 minutos

1. Lavar las zanahorias y el apio, pelarlos y cortarlos en palitos de unos 2 mm. Lavar y secar los calabacines y cortarlos en rodajitas de 1 cm. Dejar descongelar el brócoli y cortarlo en rosetones. Pelar y picar fina la cebolla.

2. Precalentar el horno a 200°. Secar la carne con papel de cocina. Salpimentarla por ambos lados. Calentar la margarina en un asador, dorar el filete por ambos lados. Sacar y reservar.

3. Rehogar la cebolla en la grasa del asador. Añadir la verdura. Verter el caldo. Salpimentar.

4. Mezclar la mostaza con las hierbas aromáticas. Pintar el filete con la mezcla. Colocar el filete sobre la verdura y hornear, tapado, durante unos 25 minutos (media altura, horno de aire 180°).

5. Lavar los berros, escurrirlos y sacarlos del bancal. Espolvorear el filete con los berros y servir.

SUGERENCIA

Cambie los tipos de verdura a su gusto y según la que usted tolere mejor. El filete también sabe bien con coliflor, colinabo o col china.

Valor nutricional por ración:

285 kcal • **35 g** proteínas • **11 g** grasas • **12 g** carbohidratos

Rollitos de filete de cerdo
con jamón y crema de queso

PARA 2 PERSONAS
250 g de filete de cerdo
75 g de jamón curado en lonchas
100 g de nata agria
50 ml de leche
50 g de queso azul
Sal, pimienta
PREPARACIÓN: 20 minutos
COCCIÓN: 20 minutos

1. Precalentar el horno a 170°. Secar la carne con papel de cocina y cortarla en cuatro trozos.

2. Envolver cada trozo de filete con el jamón. Poner los rollitos uno junto a otro en un molde para horno. Hornear (media altura, horno de aire 150°) durante 15 minutos.

3. Batir la nata con la leche en un cazo. Calentar a fuego suave. Trocear el queso y derretirlo en la salsa. Salpimentarla.

4. Repartir la crema de queso sobre los rollitos de filete. Hornearlos 5 minutos más hasta que adquieran un color dorado.

5. Servir dos rollitos en cada plato, inmediatamente. Acompañar con tallarines o patatas.

VARIANTE

Para preparar saltimbocca, cubrir cada una de 4 pequeñas escalopas de ternera (250 g) con una hoja de salvia y envolver con jamón. A partir de aquí seguir la receta.

Valor nutricional por ración:

500 kcal • **41 g** proteínas • **36 g** grasas • **3 g** carbohidratos

Bistec de granjero
con semillas

PARA 2 PERSONAS

1/2 manojo de perejil
50 g de cacahuetes
1 cebolla pequeña
250 g de carne de vaca picada
1 huevo (pequeño)
Sal, pimienta negra
Pimentón dulce
1 cucharadita de salsa de soja
1-2 copos de salvado de avena
Mantequilla derretida para asar

PREPARACIÓN: 25 minutos

1. Lavar y escurrir el perejil. Picarlo bien junto con los cacahuetes. Pelar y picar igualmente fina la cebolla.

2. Mezclar la carne picada con el huevo. Añadir la masa de cacahuetes y perejil con la cebolla. Sazonar con sal, pimienta, pimentón y salsa de soja. Añadir los copos de salvado de avena.

3. Con las manos humedecidas formar 8 albóndigas planas.

4. Calentar la mantequilla derretida en una sartén. Freír las albóndigas 5-6 minutos por cada lado. Sacar y servir. Pueden acompañarse con patatas fritas o patatas campesinas al horno.

SUGERENCIA

Los niños adoran este bistec de carne picada crujiente. En los cumpleaños infantiles puede substituir fantásticamente a las hamburguesas.

VARIANTE

¿Prefiere la comida mejicana? ¿Qué tal unos tacos rellenos? Para ello sólo tiene que sazonar la masa de carne picada con una cucharadita de comino en lugar de salsa de soja. Fríala desmigajada en una sartén con un poco de aceite. Corte a tiras 1/4 de lechuga iceberg (puede sustituirse por un corazón de lechuga romana) y repártala en dos tortillas para taco. Poner en cada una la masa de carne y un poco de crema agria. Servir enseguida.

Valor nutricional por ración:

460 kcal • **38 g** proteínas • **32 g** grasas • **5 g** carbohidratos

Buey
con tirabeques

PARA 2 PERSONAS

200 g de filete de buey sin grasa
1 trozo de jengibre fresco (2 cm)
2 1/2 cucharaditas de salsa de soja
100 g de tirabeques congelados
1/2 pimiento amarillo pequeño
1 cucharadita rasa de almidón
60 ml de caldo de carne
2 cucharaditas de aceite de soja
1/2 cucharadita de aceite de sésamo oscura

PREPARACIÓN: 25 minutos
MARINADO: 30 minutos

1. Secar la carne con papel de cocina y cortarla en tiras finas. Pelar el jengibre y rallarlo fino. Mezclar la carne con dos cucharaditas de salsa de soja y el jengibre. Dejarla marinar durante 30 minutos.

2. Entretanto dejar descongelar los tirabeques. Cortar longitudinalmente cada vaina en dos partes. Lavar el pimiento, secarlo y cortarlo en tiras finas. Batir el almidón con 3 cucharaditas de caldo. Reservar.

3. Calentar bien una sartén. Verter el aceite de soja. Freír la carne con la marinada sin dejar de mover unos 2 minutos. Agregar los tirabeques y las tiras de pimiento y seguir friendo unos 2 minutos sin dejar de remover. Añadir el caldo restante y la salsa de soja, el aceite de sésamo y el almidón diluido. Calentar un momento hasta que espese la salsa.

4. Servir la carne en dos platos. Puede acompañarse de un cuenco con arroz basmati hecho al vapor.

EN EL WOK

Si quiere preparar la carne de una forma más auténtica hágalo en un wok, aunque no todo el mundo tiene uno. Sin embargo hecho en una sartén sabrá igualmente bueno. No renuncie al aceite de sésamo oscuro. Confiere a este plato una nota muy especial.

VARIANTE

Aún dará más aire asiático a su mesa si utiliza las dos delicadezas que citamos a continuación. Pique finamente 2 tallos de citronela. Corte la parte verde en trozos largos de unos 3 cm. Mezcle con las tiras de carne la citronela picada y 100 g de gamba pelada (fresca o congelada) con jengibre y salsa de soja. Deje macerar unos 30 minutos. Fría los trocitos de citronela junto con las verduras. Proceda con el resto de la receta según lo indicado.

Valor nutricional por ración:

190 kcal • **23 g** proteínas • **8 g** grasas • **5 g** carbohidratos

Frambuesas
con mascarpone y piñones

PARA 2 PERSONAS

125 g de frambuesas
(frescas o congeladas)
125 g de mascarpone
100 g de yogur natural
50 g de azúcar de uva
1/2 ramita de vainilla
Canela
2 cucharadas de piñones

PREPARACIÓN: 25 minutos

1. Lavar las frambuesas con cuidado y dejarlas escurrir. Dejar descongelar la fruta, en caso de ser necesario. Repartir las bayas en dos cuencos.

2. Batir el mascarpone con el yogur y el azúcar de uva. Abrir con un cuchillo a lo largo la ramita de vainilla y rascar el interior. Añadir a la crema de mascarpone.

3. Repartir la crema sobre las frutas. Espolvorear con canela.

4. Tostar los piñones en una sartén antiadherente sin grasa a temperatura media sin dejar de remover. Esparcirlos sobre el postre.

SUGERENCIA

Para variar, prepare este postre con otras bayas que tolere: por ejemplo, con arándano, uva espinosa, moras o una mezcla de bayas. El plato sabe especialmente bien si se utiliza un crocante de nueces almendras (ver página 123).

VARIANTE

Con la crema de mascarpone también puede preparar un tiramisú en copa. Para ello, confeccione la crema según lo indicado. Mezcle un café expreso doble con una cucharadita de azúcar de uva y dos gotas de aroma de almendras amargas. Viértalo sobre 60 g de cereales de desayuno sin azúcar. Intercalar dos capas de cereales con otras dos de crema de mascarpone. Espolvorear con cacao y servir enseguida. Si se desea, se puede aromatizar el expreso con un chorrito de licor de almendras o de naranjas.

Valor nutricional por ración:

500 kcal • **7 g** proteínas • **38 g** grasa • **34 g** carbohidratos

Bolitas dulces de levadura con salsa de cerezas

PARA 4 PERSONAS

250 g de harina
110 g de azúcar de uva
1/2 dado de levadura (21 g)
60 ml de leche tibia
60 g de mantequilla blanda
1 huevo
300 g de cerezas ácidas (en conserva)
5 cucharadas de zumo de cerezas (en conserva)
1 cucharada de aguardiente de cereza (al gusto)
1 cucharadita de vinagre balsámico
1 cucharada de azúcar glas
Harina para trabajar
Mantequilla para el molde

PREPARACIÓN: 40 minutos
REPOSO: 1 hora
HORNEADO: 15 minutos

1. Mezclar la harina con 35 g de azúcar de uva. Abrir un hueco en el centro. Desmigajar en su interior la levadura y verter la leche. Mezclar con la varilla de amasar de la batidora manual. Añadir la mantequilla y el huevo y trabajar unos 3 minutos hasta conseguir una masa fina.

2. Dejar subir la masa, tapada, en un lugar caliente durante unos 30 minutos, hasta que haya doblado su volumen. Engrasar un molde.

3. Volver a trabajar la masa y extenderla sobre una superficie enharinada con un grosor de 1 cm. Ir recortando círculos (de unos 4 cm de diámetro) y colocarlos en el molde respetando una distancia.

4. Hornear los círculos a unos 50º (media altura, horno de aire 50º) durante 5 minutos. Apagar el horno y dejar que los círculos aumenten el doble de su volumen durante unos 30 minutos. Subir la temperatura a 170º (horno de aire 150º) y hornear las bolitas unos 15 minutos hasta que estén doradas.

5. Para la salsa triturar en la batidora o con la batidora manual las cerezas, el zumo y 75 g de azúcar de uva. Rectificar el puré con aguardiente y vinagre. Repartir en 4 platos de postre.

6. Poner las bolitas de levadura en la salsa de cerezas y espolvorearlas con azúcar glas.

Valor nutricional por ración:

515 kcal • **10 g** proteínas • **15 g** grasa • **82 g** carbohidratos

Tortitas de queso fresco

PARA 2 PERSONAS

25 g de mantequilla blanda
20 g de azúcar de uva
1 cucharadita de aroma de limón (para hornear, puede sustituirse por ralladura de limón biológico)
2 huevos
250 g de queso fresco magro para untar
75 g de harina
Unas 2 cucharadas de leche
Margarina para asar

PREPARACIÓN: 25 minutos

1. Montar la mantequilla con el azúcar de uva y el aroma de limón. Incorporar uno a uno los huevos y batir enérgicamente.

2. Mezclar el queso fresco y la harina. Añadir leche hasta que la masa sea cremosa.

3. Calentar un poco de margarina en una sartén. Poner 3 cucharadas de masa por tortita en la sartén. A fuego medio dorar cada tortita por ambos lados. Sacar. Seguir hasta que se acabe la masa.

SUGERENCIA

Las tortitas están muy buenas acompañadas de crema de vainilla y cerezas (ver página 31) o mantequilla de chocolate para untar (ver página 32). También se pueden tomar con compota de fruta, por ejemplo, de ruibarbo (ver página 96).

Valor nutricional por ración:

425 kcal • **26 g** proteínas • **17 g** grasa • **42 g** carbohidratos

Mousse de yogur
sobre espuma de bayas

PARA 2 PERSONAS

3 hojas de gelatina blanca
250 g de yogur natural cremoso
1 cucharada de zumo de limón
2 cucharadas + 100 g de azúcar de uva
200 g de frambuesas (frescas o congeladas)
1 cucharadita de pistachos picados

PREPARACIÓN: 35 minutos
EN LA NEVERA: 2 horas

1. Remojar la gelatina en agua fría durante 5 minutos. Batir el yogur con el zumo de limón y 2 cucharadas de azúcar de uva.

2. Escurrir la gelatina y disolverla en un cazo pequeño a fuego lento. Mezclar con 2 cucharadas de crema de yogur y añadirla al resto de crema de yogur. Poner la crema unas dos horas en la nevera.

3. Lavar las frambuesas con cuidado y dejarlas escurrir. Descongelar las frutas congeladas.

4. Triturar las bayas con 100 g de azúcar de uva con la batidora manual. Si se desea puede pasarse el puré por un colador para separar las pepitas.

5. Repartir la espuma de frambuesa en dos platos de postre. Con la ayuda de una cuchara formar dos nubecillas de *mousse* de yogur y ponerlas sobre la espuma de bayas. Espolvorear con pistachos.

VARIANTE

También sabe muy bien: una espuma de arándanos, frambuesas o una mezcla de bayas. Las salsas o las ensaladas con fresas frescas endulzadas con azúcar de uva.

GELATINA

No tenga miedo de la gelatina. Con los siguientes trucos funcionará siempre:

No la hierva nunca. Retirarla del fuego tan pronto esté disuelta.

Hay que conseguir ir equilibrando la temperatura. Para ello mezcle primero un par de cucharadas de masa fría en la gelatina líquida. Después introduzca la gelatina lentamente en el resto de la masa.

Para aquellos que quieran estar seguros de las cantidades, recuerde que la primera vez siempre se gastan más hojas de gelatina que las que hemos indicado. En los días de mucho calor se recomienda aumentar la cantidad de gelatina.

Valor nutricional por ración:

385 kcal • 8 g proteínas • 5 g grasa • 75 g carbohidratos

...bo con nubecillas de vainilla

3 PERSONAS

...de ruibarbo
...g de azúcar de uva
3/4 de cucharadita de edulcorante líquido
1/2 sobrecito de pudin de vainilla (para hervir en unos 500 ml de leche)
250 ml de leche
100 g de queso fresco magro para untar
1 cucharada de nata agria
3 cucharadas de almendra laminada
1 cucharada colmada de azúcar

PREPARACIÓN: 25 minutos

1. Lavar y secar el ruibarbo y cortarlo en trozos de 1 cm de ancho. Hervirlo 5 minutos con 15 g de azúcar de uva y edulcorante hasta que esté tierno. Repartir la compota en dos o tres cuencos de postre y dejar enfriar.

2. Batir el preparado para pudin con 50 ml de leche. Hervir 200 ml de leche con 50 g de azúcar de uva. Añadir el pudin disuelto y volver a hervir un momento. Retirarlo del fuego y dejarlo enfriar unos 10 minutos. En este tiempo removerlo de vez en cuando con las varillas para que no se forme ninguna capa.

3. Añadir el queso y la nata al pudin. Repartir la crema de vainilla sobre el ruibarbo.

4. Tostar la almendra laminada con azúcar en una sartén antiadherente a fuego alto sin dejar de remover hasta que el azúcar caramelice y estén doradas. Espolvorear el crocante de almendras sobre la crema de vainilla.

SUGERENCIA

¿No le apetece el ruibarbo? Pruebe este postre con uva espinosa. Puede encontrarla todo el año congelada.

Valor nutricional por ración:

290 kcal • **10 g** proteínas • **10 g** grasa • **41 g** carbohidratos

Pudin de sémola con kiwi

PARA 2 PERSONAS

250 ml de leche
3 cucharadas de azúcar de uva
1/2 cucharadita de mantequilla
30 g de sémola
1 kiwi

PREPARACIÓN: 40 minutos

1. Hervir la leche con el azúcar de uva. Mezclar la mantequilla y la sémola. Hacer hervir un momento y apagar el fuego. Dejar reposar la sémola durante 25 minutos. En este tiempo removerla de vez en cuando para que no se forme ninguna capa.

2. Poner el pudin de sémola en dos cuencos de postre. Dejar enfriar.

3. Pelar el kiwi y cortarlo a lo largo en cuatro trozos. Adornar cada pudin con 2 cuartos de kiwi. Servir inmediatamente.

AFRUTADO

Con este pudin también van muy bien el melón o los melocotones.

Valor nutricional por ración:

180 kcal • **6 g** proteínas • **6 g** grasa • **26 g** carbohidratos

Cóctel de melón con queso fresco a la canela

PARA 2 PERSONAS

1/4 de melón

200 g de queso fresco magro
para untar

100 g de nata agria

50 g + 1 cucharadita de azúcar
de uva

1/4 de cucharadita de canela

PREPARACIÓN: 10 minutos

1. Quitar las pepitas del melón. Pelarlo, cortar la pulpa en dados. Repartir los dados en dos copas de cóctel.

2. Mezclar el queso con la nata agria y los 50 g de azúcar de uva. Repartir la crema de queso sobre la fruta.

3. Mezclar la canela con una cucharadita de azúcar de uva. Espolvorearla sobre la crema de queso.

Valor nutricional por ración:

265 kcal • **16 g** proteínas • **5 g** grasa • **39 g** carbohidratos

Plátanos con salsa de chocolate y cayena

PARA 2 PERSONAS

40 g de chocolate negro
(70% cacao)

50 ml de leche

3 cucharaditas de azúcar de uva

Una pizca de pimienta de cayena

2 plátanos

1 cucharadita de mantequilla

PREPARACIÓN: 15 minutos

1. Trocear el chocolate. Calentar la leche. Derretir en ella el chocolate a fuego lento y sin dejar de remover. Añadir el azúcar de uva y la pimienta de cayena.

2. Pelar los plátanos. Calentar la mantequilla en una sartén y freír los plátanos por ambos lados a temperatura media.

3. Poner los plátanos sobre dos platos de postre y rociarlos con la salsa de chocolate caliente. Servir de inmediato.

¿ES TODO CAYENA?

Vigile en la sección de especias. No confunda la cayena con la pimienta de cayena. La cayena a secas es una mezcla de pimienta de cayena, pimiento, ajo y otras especies.

Valor nutricional por ración:

260 kcal • **3 g** proteínas • **11 g** grasa • **36 g** carbohidratos

Helado de chocolate

PARA 4 PERSONAS

1 yema de huevo bien fresca
100 g de azúcar de uva
15 g de cacao
200 ml de leche
150 g de nata líquida
25 g de chocolate negro (70% cacao)

PREPARACIÓN: 10 minutos
EN LA NEVERA 40 minutos

1. Batir la yema con azúcar de uva, cacao o leche hasta disolver el cacao.
2. Montar la nata. Incorporar a la masa de cacao.
3. Picar grueso el chocolate y añadirlo a la crema. Remover la masa en una heladera durante 40 minutos hasta conseguir un helado cremoso y consistente.

SUGERENCIA

En las recetas de helados utilice sólo huevos muy frescos. Si no quiere poner huevos, use 50 g más de nata por yema de huevo.

VARIANTE

Si le gustan los frutos secos puede añadir 40 g de avellanas picadas o 4 gotas de aroma de almendras amargas en la masa de helado.

Valor nutricional por ración:

310 kcal • **5 g** proteínas • **18 g** grasa • **32 g** carbohidratos

Helado de vainilla

PARA 4 PERSONAS

4 yemas de huevo bien frescas
100 g de azúcar de uva
1 cucharadita de vainilla bourbon
(puede sustituirse por 2-3 gotas de
aroma de vainilla)
150 g de nata líquida
200 ml de leche

PREPARACIÓN: 10 minutos
EN LA NEVERA 40 minutos

1. Batir bien las yemas y el azúcar de uva con la batidora manual.

2. Añadir la nata y la leche a la espuma de helado.

3. Remover la masa en una heladera durante 40 minutos hasta conseguir un helado cremoso y consistente.

SUGERENCIA

¿No tiene heladera? No importa. Ponga la masa de helado en un molde plano e introdúzcala en el congelador, tapada. Remuévala enérgicamente cada 10 minutos con las varillas para que no se formen cristales. Pasada 1 hora y media el helado estará listo.

Valor nutricional por ración:

320 kcal • **6 g** proteínas • **20 g** grasa • **29 g** carbohidratos

Helado de melocotón

PARA 4 PERSONAS

300 g de melocotones (pueden sustituirse por nectarinas o albaricoques)
100 g de azúcar de uva
200 ml de leche
150 g de nata líquida
1 yema de huevo

PREPARACIÓN: 15 minutos
EN LA NEVERA 40 minutos

1. Escaldar un momento los melocotones, pasarlos por agua fría y pelarlos. Partir en dos las frutas y sacarles el hueso. Cortar la pulpa en dados.

2. Retirar 50 g de pulpa de melocotón. Triturar el resto en la batidora o con la batidora manual junto con la leche y el azúcar de uva.

3. Batir la nata líquida y la yema de huevo. Añadir a la leche de melocotón. Añadir los trocitos de melocotón.

4. Remover la masa en una heladera durante 40 minutos hasta conseguir un helado cremoso y consistente.

SUGERENCIA

Como mejor saben estos 3 tipos de helado son recién hechos. Si no ha de servirse inmediatamente, ponga el helado en un recipiente especial en el congelador. El helado se congelará. Por tanto, sáquelo unos 45 minutos antes de servir.

Valor nutricional por ración:

295 kcal • **4 g** proteínas • **15 g** grasa • **35 g** carbohidratos

Crema de plátanos con ralladura de chocolate

PARA 2 PERSONAS

150 g de queso fresco magro
para untar
100 g de nata
70 g de azúcar de uva
1 plátano
30 g de chocolate negro
(70% cacao)

PREPARACIÓN: 10 minutos

1. Batir la nata con el queso y el azúcar de uva.

2. Pelar el plátano y chafarlo bien con el tenedor. Añadir el plátano chafado a la crema de queso fresco.

3. Picar el chocolate grueso. Rellenar dos cuencos con la crema de plátano y espolvorear con los trocitos de chocolate.

SUGERENCIA

Utilice para la crema diferentes tipos de fruta atendiendo a su digestibilidad y a la época del año.

Valor nutricional por ración:

440 kcal • **13 g** proteínas • **18 g** grasa • **57 g** carbohidratos

Crema de coco con papaya

PARA 2 PERSONAS

2 hojas de gelatina blanca
1/2 ramita de vainilla
1 sobre de preparado instantáneo
de coco (puede sustituirse por
leche de coco)
70 g de azúcar de uva
100 g de nata líquida
1/2 papaya

PREPARACIÓN: 30 minutos
TIEMPO DE NEVERA: 2 horas

1. Remojar la gelatina en agua fría durante 10 minutos. Abrir con un cuchillo a lo largo la ramita de vainilla y rascar el interior.

2. Preparar el coco instantáneo en un recipiente con 100 ml de agua según las indicaciones del envoltorio y calentar ligeramente.

3. Escurrir la gelatina e incorporarla a la crema de coco tibia. Mezclar la raspadura de vainilla y el azúcar de uva. Poner la crema en fresco durante 1 hora hasta que la gelatina empiece a hacer efecto y se vuelva cremosa.

4. Montar la nata y añadirla a la crema. Rellenar dos cuencos de postre con la crema de coco y dejarlos en la nevera durante 1 hora hasta que tenga la suficiente consistencia para poder cortarse.

5. Sacar las pepitas de la papaya y reservarlas. Pelar la fruta, trocear la pulpa. Esparcir los trocitos de fruta y las pepitas de papaya sobre la crema de coco.

Valor nutricional por ración:

335 kcal • **3 g** proteínas • **16 g** grasa • **45 g** carbohidratos

Crema de almendras con estrellas de saúco

PARA 2 PERSONAS

1/2 sobre de preparado para
pudin de vainilla instantáneo
(para hervir en 500 ml de leche)
250 ml de leche
150 g de azúcar de uva
60 g de almendras picadas
50 g de mascarpone
250 ml de zumo de saúco
1 cucharada rasa de almidón

PREPARACIÓN: 40 minutos

1. Batir el preparado para pudin
con 50 ml de leche. Hacer hervir
200 ml de leche con 90 g de azúcar
de uva. Añadir el preparado para
pudin y hacer hervir un momento.
Añadir las almendras y el mascarpone. Poner la crema en dos cuencos de postre.

2. Batir 5 cucharadas de zumo de
saúco con el resto del almidón.
Llevar a ebullición el resto del zumo con 60 g de azúcar de uva.
Añadir el almidón. Apagar el fuego
y dejar reposar el almidón durante
10 minutos.

3. Dejar enfriar el zumo de saúco
un poco. Poner una pequeña cantidad en el centro de cada crema de
almendras. Extenderlo en forma
de estrella hacia fuera con la ayuda de una cuchara de madera.

SUGERENCIA

**Esta crema sabe también
muy bien con 1 cucharada de
muesli crujiente (ver página
27).**

Valor nutricional por ración:

780 kcal • **12 g** proteínas • **32 g** grasa • **111 g** carbohidratos

Albaricoques sobre lecho de chocolate

PARA 2 PERSONAS

80 g de chocolate negro
(70% cacao)
50 ml de leche
5 cucharadas de azúcar de uva
6 albaricoques
100 g de queso fresco extra graso
100 g de queso cremoso para untar

PREPARACIÓN: 30 minutos

1. Romper el chocolate en trozos.
Calentar la leche con una cucharada de azúcar de uva. Introducir el
chocolate a fuego lento y derretirlo
sin dejar de remover.

2. Lavar los albaricoques, cortarlos por la mitad y sacarles el hueso. Mezclar el queso freso con el
queso para untar y 4 cucharadas
de azúcar de uva.

3. Poner la salsa de chocolate en
dos platos de postre. Colocar en
cada uno 3 mitades de albaricoque. Depositar a su lado la crema
de queso en forma de nubecillas.

VARIANTE

**¿Prefiere melocotones,
plátanos o melón? Cambie
simplemente la fruta según
sus gustos y su tolerancia.**

Valor nutricional por ración:

535 kcal • **14 g** proteínas • **32 g** grasa • **46 g** carbohidratos

Lionesas de cerezas
y crema de chocolate

PARA 16 UNIDADES

PARA LA MASA

100 g de mantequilla
Un pellizco de sal
150 g de harina
4 huevos

PARA EL RELLENO:

300 g de cerezas ácidas
(en conserva)
250 g de nata
100 g de azúcar de uva
1 cucharada de cacao
1 sobre de endurecedor de nata
30 g de chocolate negro
(70% cacao)

ADEMÁS:

2 cucharadas de azúcar glas
Papel para hornear

PREPARACIÓN: 40 minutos

HORNEADO: 15 minutos

1. Llevar a ebullición 250 ml de agua con mantequilla y sal. Añadir la harina. Remover enérgicamente con una cuchara de madera durante 2 minutos hasta que la masa compacte y en la base del recipiente aparezca una fina capa blanca.

2. Poner la masa en un recipiente apto para mezclar. Añadirle uno a uno los huevos e ir amasando con la batidora manual hasta que la masa brille.

3. Precalentar el horno a 225°. Extender papel para hornear sobre una plata de horno. Poner la masa en una manga pastelera de boca amplia en forma de estrella y montar con ella sobre la plata de horno 16 rosetones a una distancia entre sí de 5 cm (6 cm de diámetro).

4. Hornear las lionesas (media altura, horno de aire 200°) durante 15 minutos. Sacarlas del horno y cortar el tercio superior con una tijera. Dejarlas enfriar completamente.

5. Para el relleno, enjuagar las cerezas y escurrirlas. Montar la nata con el azúcar de uva, el cacao y el endurecedor de nata. Picar bien el chocolate. Añadirlo a la nata montada.

6. Poner sobre cada una de las mitades inferiores de las lionesas una cucharada de crema de chocolate. Repartir por encima las cerezas y poner la tapa sin apretar. Espolvorear con azúcar glas.

SUGERENCIA

¿No tiene manga pastelera? Entonces moldee las lionesas con dos cucharas.

VARIANTE

Las lionesas también saben deliciosas con crema de chocolate y crema de vainilla y cerezas (ver página 31).
O pruebe también con nata montada y trozos de plátano. Si las prefiere cremosas rellene las lionesas con pudin de vainilla (endulzado con azúcar de uva) o con crema praliné de avellanas (ver página 32).

Valor nutricional por ración:

195 kcal • **3 g** proteínas • **12 g** grasa • **17 g** carbohidratos

Tarta
veteada de bayas

PARA 12 RACIONES
1 molde de 26 cm ∅

PARA LA MASA

4 huevos
160 g de azúcar de uva
120 g de fécula
120 g de harina
1 cucharadita de levadura química

PARA LA CREMA DE YOGUR

7 hojas de gelatina blanca
500 g de yogur natural
1 cucharada de concentrado
de zumo de limón (puede
sustituirse por zumo de limón)
50 g de azúcar
100 g de azúcar de uva
200 g de nata líquida

PARA EL PURÉ DE FRUTAS

300 g de bayas variadas
(frescas o congeladas)
60 g de azúcar de uva
1 cucharadita de edulcorante
líquido
3 hojas de gelatina blanca

ADEMÁS:

Grasa y harina para el molde

PREPARACIÓN: 20 minutos
HORNEADO: 35 minutos
TIEMPO DE NEVERA: 4 horas

1. Precalentar el horno a 170°. Engrasar la base del molde y espolvorear harina. Batir enérgicamente los huevos con 4 cucharadas de agua con la batidora manual. Verter lentamente el azúcar de uva y paralelamente subir la potencia de la batidora hasta llegar al máximo. Añadir a través de un colador la fécula y la harina. Mezclar con mucho cuidado.

2. Poner la masa en el molde. Hornear durante 35 minutos (media altura horno de aire 160°). Cuando se haya enfriado un poco desmoldar y dejarlo enfriar sobre una rejilla.

3. Para la crema de yogur remojar la gelatina en agua fría. Batir el yogur, el concentrado de zumo de limón, el azúcar y el azúcar de uva. Escurrir bien la gelatina y derretirla en un pote pequeño a fuego lento. Mezclar con 3 cucharadas de crema de yogur, después añadirla al resto de la crema de yogur.

4. Poner a enfriar la crema durante unos 15 minutos hasta que empiece a solidificar. Montar la nata y añadirla a la crema de yogur. Extender la crema sobre la base del pastel.

5. Para el puré de frutas lavar con cuidado las bayas y escurrirlas. En caso de frutas congeladas, descongelarlas. Triturarlas en la batidora o con la batidora manual. Pasar el puré por un colador y mezclar con el azúcar de uva y el edulcorante.

6. Remojar la gelatina en agua fría. Escurrirla un poco y derretirla a fuego lento. Mezclar con 3 cucharadas de puré de frutas, después añadirla al resto de puré de frutas.

7. Extender el puré de frutas sobre la crema de yogur y con un tenedor dibujar espirales. Poner a enfriar el pastel en la nevera 4 horas aproximadamente.

Valor nutricional por ración:

305 kcal • **7 g** proteínas • **9 g** grasa • **50 g** carbohidratos

Pastel de nata agria

PARA 16 UNIDADES
1 MOLDE DE HORNO PROFUNDO
PARA LA MASA

250 g de mantequilla
220 g de azúcar de uva
1 huevo
460 g de harina
1 sobrecito de levadura química
1 cucharadita de canela

PARA LA COBERTURA:

750 g de queso fresco magro para untar
250 g de nata agria
1/2 sobrecito de preparado para pudin de vainilla (para hervir con 500 ml de leche)
1 huevo
200 g de azúcar de uva
8 gotas de aroma de limón (puede sustituirse por 1 cucharada de zumo de limón)

ADEMÁS:

Grasa y harina para el molde

PREPARACIÓN: 40 minutos
HORNEADO: 45 minutos

1. Precalentar el horno a 170º. Engrasar el molde y espolvorear un poco de harina.

2. Batir la mantequilla enérgicamente junto con el azúcar de uva. Mezclar el huevo. Añadir la harina y la levadura química con la ayuda de un colador, removiéndolo todo un poco. Extender 2/3 de la masa sobre el molde. Formar un borde de unos 2 cm. Apretar bien.

3. Para la cobertura, batir el queso, la nata y el preparado para pudin. Añadir el huevo, el azúcar de uva y el aroma de limón. Repartir la crema de queso sobre la masa.

4. Incorporar la canela a trocitos sobre el pastel.

5. Hornear durante unos 45 minutos (media altura, horno de aire 150º) hasta que esté dorado.

AROMA ARTIFICIAL

En la fase de prueba debería utilizar para su pastel sólo aroma de limón artificial. Puede encontrarlo en tubitos con cuenta gotas o en frasquitos, siempre en la sección de productos para repostería. En la fase de carencia podría empezar a intercalar zumo recién exprimido o ralladura de limón de cultivo ecológico.

Valor nutricional por ración:

405 kcal • **11 g** proteínas • **18 g** grasa • **50 g** carbohidratos

Pastel de mantequilla y azúcar

PARA 16 UNIDADES
1 MOLDE DE HORNO PROFUNDO

1 dadito de levadura fresca (42 g, puede sustituirse por 2 sobrecitos de levadura en polvo)
500 g de harina
220 g de azúcar de uva
1 huevo
Un pellizco de sal
250 ml de leche tibia
150 g de mantequilla blanda
150 g de almendras laminadas
Grasa y harina para el molde

PREPARACIÓN: 10 minutos
TIEMPO DE REPOSO: 60 minutos
HORNEADO: 15 minutos

1. Desmigajar la levadura. Mezclarla con la harina, 120 g de azúcar de uva, un huevo y la sal con la ayuda de la batidora manual. Incorporar la leche lentamente. Seguir batiendo a velocidad mínima hasta obtener una masa homogénea. Dejarla reposar tapada en un lugar caliente unos 30 minutos.

2. Engrasar el molde del horno y espolvorear con harina. Volver a amasar la pasta y dejarla reposar otros 10 minutos. Con las manos húmedas extender la masa sobre el molde.

3. Repartir nueces de mantequilla sobre la masa. Espolvorear las almendras laminadas y el azúcar de uva por encima. Dejar reposar otros 20 minutos, hasta que el pastel se eleve. Precalentar el horno a 220°.

4. Hornear unos 15 minutos (media altura, horno de aire 200°) hasta que esté dorado.

Valor nutricional por ración:

300 kcal • **6 g** proteínas • **14 g** grasa • **36 g** carbohidratos

Gofres de canela

PARA 8-10 gofres

1 ramita de vainilla
125 g de mantequilla blanda
140 g de azúcar de uva
2 cucharaditas de canela
2 cucharaditas de aroma de naranja (puede sustituirse por ralladura de naranja)
3 huevos
125 g de nata líquida
120 ml de leche
1 cucharadita de levadura química
Azúcar de uva para espolvorear
Grasa para el molde eléctrico de gofres

PREPARACIÓN: 35 minutos

1. Abrir la ramita de vainilla a lo largo y rascar el interior. Batirla bien con la mantequilla, el azúcar de uva, la canela y la piel de naranja. Añadir los huevos de uno en uno. Mezclar la leche y la nata. Incorporar con la ayuda de un colador la harina y la levadura. Mezclar hasta obtener una pasta espesa. Dejarla reposar unos 10 minutos.

2. Precalentar el molde eléctrico a temperatura media. Engrasar un poco la superficie. Verter 3 cucharadas de masa en el centro de la superficie inferior. Cerrar el molde por espacio de 2-3 minutos, hasta que el gofre adquiera un color dorado. Cuando esté listo dejarlo enfriar sobre una rejilla.

3. Seguir así hasta que se acabe la masa. Espolvorear los gofres antes de servir con azúcar de uva.

Y PARA ACOMPAÑAR

En la fase de carencia irá muy bien acompañarlos con cremas de frutas para untar (ver página 30/31) o una mantequilla de chocolate (ver página 32). En la fase de prueba puede servirlos con una compota de arándanos u otras frutas toleradas.

Valor nutricional por ración:

300 kcal • **5 g** proteínas • **17 g** grasa • **33 g** carbohidratos

Pastelería

Pastel de avellanas

PARA 16 UNIDADES
1 MOLDE ALARGADO, 30 cm

250 g de avellanas molidas
250 g de harina
1 sobrecito de levadura química
270 g de azúcar de uva
4 gotas de aroma de almendras amargas
100 ml de leche
140 ml de café fuerte y frío
Grasa y harina para el molde

PREPARACIÓN: 10 minutos
HORNEADO: 50 minutos

1. Mezclar las avellanas con la harina, la levadura y 220 g de azúcar de uva. Incorporar el aroma de almendras, la leche y el café con la batidora manual hasta que la masa se desprenda de la cuchara con dificultad.

2. Engrasar el molde y espolvorear la harina. Verter la masa. Hornear a 200° (media altura, horno de aire 180°) unos 50 minutos hasta que tenga un color tostado.

3. Cuando se haya enfriado un poco desmoldarlo y ponerlo sobre una rejilla para que se enfríe. Antes de servirlo espolvorearlo con un poco de azúcar de uva.

SUGERENCIA

El pastel de avellanas tiene una consistencia similar a la del pan. Si lo quiere un poco más ligero puede añadir dos huevos a la masa junto con el café.

Valor nutricional por ración:

225 kcal • **4 g** proteínas • **10 g** grasa • **30 g** carbohidratos

Cortes de albaricoque con crocante de almendras

PARA 20 UNIDADES
1 MOLDE DE HORNO PROFUNDO

6 huevos
420 g de azúcar de uva
180 g de harina
180 g de fécula
1 cucharadita de levadura química
2 latas grandes de albaricoques (de unos 465 g peso neto)
2 sobrecitos de preparado para pudin de vainilla (para hervir con unos 500 ml de leche)
800 ml de leche (1,5% materia grasa)
500 g de queso fresco magro para untar
1-2 cucharadas de azúcar
Grasa y harina para el molde

PREPARACIÓN: 20 minutos
HORNEADO: 30 minutos

1. Precalentar el horno a 175°. Engrasar el molde y enharinarlo. Batir bien los huevos con 6 cucharadas de agua. Incorporar lentamente 240 g de azúcar de uva, aumentando la velocidad de la batidora al máximo. Añadir con la ayuda de un colador la harina, la fécula y la levadura removiendo con cuidado.

2. Extender la masa sobre el molde. Hornear durante 30 minutos (media altura, horno de aire 160°).

3. Enjuagar mientras tanto los albaricoques y escurrirlos. Mezclar el preparado para pudin con 200 ml de leche. Hacer hervir 600 ml de leche con 180 g de azúcar de uva. Añadir el preparado para pudin disuelto y hacer hervir. Sacarlo del fuego y dejarlo enfriar unos 5 minutos.

4. Cuando se haya enfriado un poco desmoldar el pastel y dejarlo enfriar sobre una rejilla.

5. Secar los albaricoques con papel de cocina. Colocarlos sobre la base del pastel con la parte del corte hacia abajo. Añadir el queso al pudin. Repartir la crema sobre los albaricoques. Dejarlo enfriar.

6. Tostar las almendras laminadas con azúcar en una sartén antiadherente sin grasa a fuego lento, sin dejar de remover, hasta que el azúcar caramelice. Espolvorear el crocante sobre el pastel.

Valor nutricional por ración:

265 kcal • **8 g** proteínas • **4 g** grasa • **50 g** carbohidratos

Pastel de queso casero

PARA 16 UNIDADES
1 PLATA DE HORNO

250 g de harina
125 g de mantequilla blanda
4 huevos + 210 g de azúcar de uva
5 huevos
1 ramita de vainilla
200 g de margarina
750 g de queso fresco magro
para untar
6 cucharadas de sémola fina
5 gotas de aroma de limón (puede
sustituirse por 1/2 cucharadita de
ralladura de limón)
1 sobrecito de levadura química
Grasa y harina para el molde
Harina para trabajar

PREPARACIÓN: 15 minutos
HORNEADO: 55 minutos

1. Mezclar con el brazo para amasar de la batidora manual la harina
y la mantequilla. Añadir 4 cucharadas de azúcar de uva, 1 huevo y 2
cucharadas de agua hasta obtener
una masa suave. Extenderla sobre
una plata que no sea profunda, envolverla con celofán de cocina y
ponerla a enfriar.

2. Cortar la vainilla a lo largo y
rascar el interior. Batir bien la margarina. Incorporar el queso y 210 g

de azúcar de uva en varias veces.
Hacer lo mismo con los huevos,
uno a uno. Añadir la sémola, el
aroma de limón, la pulpa de la vainilla y la levadura.

3. Engrasar la bandeja del horno
y enharinarla. Desenvolver la masa
sobre una superficie de trabajo y
ponerla sobre la plata del horno.
Formar un borde de unos 2 cm.

4. Extender la crema de queso sobre la masa. Hornear el pastel a
180º (media altura, horno de aire
160º) unos 55 minutos hasta que
esté dorado.

Valor nutricional por ración:

345 kcal • **10 g** proteínas • **19 g** grasa • **33 g** carbohidratos

Pastel de semillas de amapola con crujiente de azúcar

PARA 16 UNIDADES
1 PLATA DE HORNO

1 dadito de levadura fresca (42 g, o
2 sobrecitos de levadura en polvo)
575 g de harina
570 g de azúcar de uva
1 cucharadita de aroma de limón
(o ralladura de limón)
180 ml de leche tibia
275 g de mantequilla blanda
1,25 l de leche
125 de sémola gruesa
375 g de semillas de amapola
2 cucharadas de canela

ADEMÁS:

Grasa y harina para la plata
del horno

PREPARACIÓN: 35 minutos
REPOSO: 50 minutos
HORNEADO: 45 minutos

1. Desmigajar la levadura para la
masa. Mezclarla con 375 g de harina, 130 g de azúcar de uva y aroma
de limón. Con el brazo de amasar
de la batidora manual trabajar la
masa añadiendo la leche y 75 g de
mantequilla.

2. Precalentar el horno a 50º. Apa-
garlo. Meter la masa tapada y dejar
que crezca (media altura, horno de
aire 50º). Engrasar una bandeja de
horno y espolvorearla con harina.

3. Trabajar de nuevo la masa y extenderla manualmente bien repar-
tida sobre la plata de horno. Volver
a introducirla en el horno caliente
unos 30 minutos más para que siga creciendo.

4. Para la cobertura, hervir la leche con 240 g de azúcar de uva. Incorporar la sémola y las semillas
de amapola y, sin dejar de mover,
hervir un momento. Apagar el fuego y dejar las semillas en remojo
unos 15 minutos. Extender la pasta de semillas de amapola sobre la
masa. Precalentar el horno a 200º.

5. Para la última capa de la cobertura amasar 200 g de harina, 200 g
de mantequilla, 200 g de azúcar de
uva y canela. Repartirla equitativa-
mente sobre la pasta de semillas
de amapola. Hornear el pastel (media altura, horno de aire 180º) durante 45 minutos hasta que esté
crujiente.

Valor nutricional por ración:

590 kcal • **13 g** proteínas • **28 g** grasa • **72 g** carbohidratos

Pastel de naranja y chocolate

PARA 16 UNIDADES
1 MOLDE DE HORNO ALARGADO, 30 cm

1 ramita de vainilla
125 g de margarina
450 g de azúcar de uva
3 huevos
250 g de harina
75 g de cacao
2 cucharadas de levadura química
150 g de nata líquida
2 cucharaditas de aroma de naranja (puede sustituirse por ralladura de naranja)
25 g de grasa de coco
Grasa y harina para el molde

PREPARACIÓN: 10 minutos
HORNEADO: 60 minutos
REPOSO: 12 horas

1. Cortar la vainilla a lo largo y rascar el interior. Batir bien con la margina y 290 g de azúcar de uva. Incorporar los huevos uno a uno. Añadir la harina, 45 g de cacao y la levadura química. Hacer lo mismo con la nata y el aroma de naranja.

2. Engrasar el molde de horno y enharinarlo. Verter la masa. Hornear a 175º durante 60 minutos (media altura, horno de aire 160º). Cuando se enfríe un poco desmoldar y dejar enfriar del todo sobre una rejilla para pasteles.

3. Para la cobertura, batir 160 g de azúcar de uva, 30 g de cacao y 4 cucharadas de agua caliente. De-rretir la grasa al baño María e incorporar a la pasta de cacao.

4. Cubrir el pastel con la cobertura. Dejarla secar unas 12 horas o toda la noche.

SUGERENCIA

La cobertura mantiene el pastel tierno y jugoso. Pero esta cobertura es clara y no brilla. En la página 123 encontrará una cobertura oscura.

Valor nutricional por ración:

300 kcal • **4 g** proteínas • **13 g** grasa • **41 g** carbohidratos

Bandeja de frutos de color

PARA 12 RACIONES
1 MOLDE REDONDO, 26 cm Ø

4 huevos
160 g + 3 cucharadas de azúcar de uva
120 g de fécula
120 g de harina
1 cucharadita de levadura química
2 plátanos
2 kiwis
100 g de bayas (frambuesas, arándanos, moras)
1/2 papaya (100 g si se desea)
1 sobrecito de cobertura de pastel transparente
Grasa y harina para el molde

PREPARACIÓN: 65 minutos
HORNEADO: 35 minutos

1. Precalentar el horno a 175º. Engrasar la superficie del molde y espolvorearla con harina.

2. Con la batidora manual batir los huevos con 4 cucharadas de agua. Incorporar lentamente 160 g de azúcar de uva. Seguir batiendo a la máxima potencia. Con la ayuda de un colador, añadir la fécula, la harina y la levadura química.

3. Poner la masa en el molde y hornear durante 35 minutos (media altura, horno de aire 160º).

Cuando se haya enfriado un poco desmoldar y dejarlo enfriar del todo sobre una rejilla para pasteles.

4. Pelar los plátanos y los kiwis y cortarlos a rodajas de 1 cm de grosor. Lavar las bayas y escurrirlas bien. Si se ha decidido utilizarla pelar la papaya y sacar las pepitas. Cortar la pulpa en trocitos finos. Repartir las frutas sobre la base.

5. Batir la cobertura con 3 cucharadas de azúcar de uva y 250 ml de agua fría. Hervir la cobertura según las indicaciones del envoltorio y cubrir con ella el pastel.

Valor nutricional por ración:

185 kcal • **3 g** proteínas • **2 g** grasa • **39 g** carbohidratos

Pastaflora

PARA 12 RACIONES
1 MOLDE REDONDO, 26 cm Ø

150 g de margarina
1 huevo
300 g de harina
180 g de azúcar de uva
Un pellizco de sal
1 cucharadita de aroma de limón
(puede sustituirse por ralladura de
limón de cultivo ecológico)

PREPARACIÓN: 10 minutos
EN LA NEVERA: 30 minutos
HORNEADO: 20 minutos

1. Batir bien la margarina y el huevo con el brazo de amasar de la batidora manual. Incorporar la harina lentamente. Añadir el azúcar de uva, la sal y el aroma de limón hasta obtener una masa homogénea. Si es necesario puede ponerse un poco de agua.

2. Extender la masa plana y envolverla en celofán de cocina; meterla en la nevera unos 30 minutos.

3. Precalentar el horno a 200°. Extenderla sobre la plata del horno. Si es necesario levantar un borde de unos 2cm. Hornear durante 20 minutos hasta que esté dorada.

PASTELERÍA CON AZÚCAR DE UVA

Para hacer pasteles utilice simplemente el doble de cantidad. Para galletas dele a la masa un grosor de 3 mm, corte con los moldes las formas que desee y extiéndalas sobre la plata del horno. Hornéelas según lo indicado durante 10 minutos hasta que estén doradas.

Para coberturas y rellenos substituya la cantidad de azúcar doméstico indicada en la receta por azúcar de uva en una proporción de 1:1,3.

Valor nutricional por ración:

245 kcal • **3 g** proteínas • **11 g** grasa • **33 g** carbohidratos

Masa de bizcocho

PARA 12 RACIONES
1 MOLDE REDONDO CON HUECO
EN EL CENTRO, 1,5 l)

1 ramita de vainilla
250 g de margarina
300 g de azúcar de uva
Un pellizco de sal
4 huevos, 500 g de harina
1 sobrecito de levadura química
170 ml de leche
Grasa y harina para el molde

PREPARACIÓN: 15 minutos
HORNEADO: 60 minutos

1. Engrasar y enharinar el molde. Cortar la vainilla a lo largo y rascar el interior.

2. Batir bien la margarina y el azúcar de uva. Añadir la pulpa de vainilla y la sal. Incorporar los huevos uno a uno. Con la ayuda de un colador añadir a la masa la harina y la levadura química. Incorporar leche hasta que la masa tenga una consistencia cremosa al desprenderse de la cuchara.

3. Poner la masa en el molde. Hornear a 170º durante 60 minutos (abajo, horno de aire 150º). Cuando se enfríe ligeramente desmoldar y dejarlo enfriar del todo sobre una rejilla para pasteles.

SUGERENCIA

El azúcar de uva hace que la masa sea más crujiente de lo habitual. Por ello es mejor escoger una temperatura de horneado inferior.

VARIANTE

Para confeccionar un «pastel de mármol» ponga dos tercios de la masa en el molde.
El resto mézclelo con 30 g de cacao y 2-3 cucharadas de leche. Coloque esta parte de la masa sobre la anterior. Con un tenedor dibuje espirales. Hornear según lo descrito.

Valor nutricional por ración:

430 kcal • **7 g** proteínas • **20 g** grasa • **56 g** carbohidratos

Masa de biscuit

PARA 12 RACIONES
1 MOLDE REDONDO, 26 cm Ø

1 ramita de vainilla
4 huevos
160 g de azúcar de uva
2 cucharaditas de aroma de limón (puede sustituirse por ralladura de limón de cultivo ecológico)
Un pellizco de canela
120 g de fécula
120 g de harina
1 cucharadita de levadura química
Grasa y harina para el molde

PREPARACIÓN: 20 minutos
HORNEADO: 35 minutos

1. Precalentar el horno a 175º. Engrasar la base del molde y espolvorearla ligeramente con harina. Procurar que no llegue al borde. Cortar la vainilla a lo largo y rascar el interior.

2. Con la batidora manual batir los huevos con 4 cucharadas de agua. Incorporar lentamente el azúcar de uva. Seguir batiendo, aumentando la potencia al máximo. Añadir el aroma de limón, la canela y la pulpa de vainilla. Con la ayuda de un colador incorporar con cuidado la fécula, la harina y la levadura química.

3. Poner la masa en el molde y hornear unos 35 minutos (media altura, horno de aire 160º).

4. Cuando se enfríe ligeramente desmoldar y dejar enfriar del todo sobre una rejilla para pasteles.

SUGERENCIA

En la fase de carencia la masa de biscuit sabe muy bien untada con crema de queso o de yogur. En la fase de prueba puede acompañarla de frutas toleradas.

Valor nutricional por ración:

150 kcal • **3 g** proteínas • **2 g** grasa • **30 g** carbohidratos

Cortezas de chocolate

PARA 25 UNIDADES

60 g de almendras troceadas
en palitos
125 g de mantequilla
1 1/2 cucharadas de azúcar de uva
2 cucharadas de cacao
50 g de cereales de desayuno
sin azucarar
Papel para hornear

PREPARACIÓN: 20 minutos

1. Tostar los palitos de almendras en una sartén antiadherente sin grasa. Dejarlos enfriar en un plato.

2. En un cazo derretir la mantequilla con el azúcar de uva y el cacao a fuego lento. Apagar el fuego.

3. Incorporar los palitos de almendra y los cereales a la mantequilla de chocolate.

4. Cubrir una plata de horno con papel para hornear. Con dos cucharillas ir formando montoncitos sobre la plata. Dejar enfriar.

Valor nutricional por ración:

65 kcal • **1 g** proteínas • **6 g** grasa • **3 g** carbohidratos

Doblones de muesli

PARA 80 UNIDADES

125 g de mantequilla blanda
120 g de azúcar de uva
150 g de copos de avena finos
25 g de copos de coco
50 g de almendras molidas
Una puntita de canela
100 g de harina integral de espelta
25 g de semillas de girasol
Papel para hornear

PREPARACIÓN: 20 minutos
HORNEADO: 20 minutos

1. Precalentar el horno a 200°. Cubrir una plata de horno con papel para hornear. Batir bien los huevos con la mantequilla. Añadir el azúcar de uva. Incorporar los copos, las almendras, la canela y la harina y mezclar bien con el brazo de amasar de la batidora manual.

2. Formar con la masa un rollo de unos 4 cm de diámetro y cortar rodajitas de 1 cm de grosor. Ponerlas sobre la plata del horno. Hornearlas (media altura, horno de aire 180°) durante 20 minutos. Dejarlas enfriar.

Valor nutricional por ración:

40 kcal • **1 g** proteínas • **2 g** grasa • **3 g** carbohidratos

Crocante de nueces y almendras

PARA 15 RACIONES
50 g de avellanas picadas
50 g de almendras picadas
100 g de azúcar de uva
Papel para hornear
PREPARACIÓN: **10 minutos**

1. Tostar a fuego lento los frutos secos en una sartén antiadherente sin dejar de remover durante unos 5-8 minutos, hasta que el azúcar se caramelice.
2. Poner el papel para hornear en la plata del horno. Extender la masa de frutos secos sobre la bandeja y dejarla enfriar. Romper el crocante a trocitos.

VARIANTE

Puede variar el plato utilizando nueces, anacardos o coco rallado. El crocante se mantiene muy bien en un recipiente cerrado unas 4 semanas.

Valor nutricional por ración:

65 kcal • **1 g** proteínas • **4 g** grasa • **7 g** carbohidratos

Cobertura oscura

PARA 1 PASTEL
90 g de grasa de coco
120 g de azúcar de uva
60 g de cacao
1-2 cucharadas de nata líquida
1 cucharadita de aroma de vainilla
PREPARACIÓN: **35 minutos**
REPOSO: **aprox. 12 horas**

1. Deshacer la grasa al baño María. Mezclar el azúcar de uva y el cacao.
2. Con la batidora batir el azúcar de cacao con la grasa a la mínima potencia. Añadir la nata y el aroma, batiendo unos 3 minutos más.
3. Utilizar la cobertura inmediatamente. Si es necesario puede volverse a calentar de la misma manera. Dejar secar un mínimo de 12 horas o toda la noche.

SUGERENCIA

¡Vale la pena remover! Cuanto más la remueva más suave y brillante será la cobertura y mejor sabrá.

Valor nutricional por ración:

1535 kcal • **16 g** proteínas • **106 g** grasa • **131 g** carbohidratos

Alimentos	Fructosa (gramos por cada 100 g de alimentos)	Glucosa (gramos por cada 100 g de alimentos)	Proporción fructosa /glucosa	Sorbitol (gramos por cada 100 g de alimentos)
BEBIDAS				
Bebidas de cola	2,08	2,85	0,73	*
Cerveza de malta	0,25	0,38	0,66	*
Cerveza rubia	*	0,013	*	0,002
Vino blanco, seco	0,41	0,38	1,08	0,01
Vino tinto, seco	0,25	0,31	0,81	0,01
Zumo de manzana	**6,40**	**2,40**	**2,67**	**0,56**
Zumo de naranja	2,47	2,61	0,95	*
FRUTAS				
Aguacate	0,20	0,10	2,00	*
Albaricoque en c	4,88	9,69	0,50	4,60
Albaricoque	0,87	1,73	0,50	0,82
Arándano	2,93	3,03	0,97	*
Arándano	3,34	2,47	1,35	*
Cereza ácida	4,28	5,18	0,83	*
Cereza dulce	6,30	7,13	0,88	*
Ciruela amarilla	4,30	5,10	0,84	*
Ciruela seca	**9,37**	**15,70**	**0,60**	**6,57**
Ciruela	2,01	3,36	0,60	1,41
Dátil	**24,90**	**25,00**	**1,00**	**1,35**
Escaramujo	7,30	7,30	1,00	*
Frambuesa	2,05	1,75	1,17	0,01
Fresa	2,24	2,17	1,03	0,03
Fruta de la pasión	2,81	3,64	0,77	*
Granada	7,90	7,20	1,10	*
Grosellero	3,33	3,02	1,10	*
Higo	**23,50**	**25,70**	**0,91**	*
Kiwi	4,59	4,32	1,06	*
Lima	0,80	0,80	1,00	*
Limón	1,35	1,40	0,96	*
Litchi	3,20	5,00	0,64	*
Mandarina	1,30	1,70	0,76	*
Mango	**2,60**	**0,85**	**3,06**	*
Manzana	**5,74**	**2,03**	**2,83**	**0,52**
Manzana seca	**27,80**	**9,80**	**2,84**	**2,49**

Alimentos	Fructosa (gramos por cada 100 g de alimentos)	Glucosa (gramos por cada 100 g de alimentos)	Proporción fructosa /glucosa	Sorbitol (gramos por cada 100 g de alimentos)
Melocotón	1,23	1,04	1,18	0,89
Melón	1,30	1,60	0,81	*
Mora negra	3,11	2,96	1,05	*
Naranja	2,58	2,29	1,13	*
Papaya	3,50	3,60	0,97	*
Pera	**6,73**	**1,67**	**4,03**	**2,17**
Piña en conserva	5,2	5,2	1,00	*
Piña	2,44	2,13	1,15	*
Plátano	3,40	3,55	0,96	*
Pomelo	2,10	2,38	0,88	*
Ruibarbo	0,39	0,41	0,95	*
Sandía	3,92	2,02	1,94	*
Uva	7,08	7,10	1,00	0,20
Uvas pasas	**33,20**	**32,00**	**1,04**	**0,89**
VERDURAS				
Brócoli	0,80	0,75	1,07	*
Coliflor	0,76	0,88	0,86	*
Colinabo	1,23	1,39	0,88	*
Maíz dulce	0,38	0,62	0,61	*
Zanahoria	1,30	1,40	0,93	*

* = no se tienen datos

Fuente: Souci, Fachmenn, Kraut (www.sfk–online.net, Stand August 2006).
Estos datos son valores de media que dependen de la clase y del estado de madurez.

Aclaración

Cuando aparece una relación de < 1, el alimento contiene más glucosa que fructosa. Estos alimentos son normalmente más digestibles. Junto con la proporción entre la glucosa y la fructosa también juega un papel importante la cantidad de azúcar total. Cuando se da un elevado contenido en fructosa, como, por ejemplo, en los higos, la indigestibilidad no tiene por qué depender del contenido de glucosa. Un contenido en general bajo en fructosa, como el del aguacate, no provoca normalmente molestias a pesar de una inadecuada proporción. Evite los alimentos en negrita, ya que provocan casi siempre molestias.

Índice de platos por capítulos

Índice alfabético de recetas

Índice alfabético de recetas